Sebastian Klawonn

Business Intelligence Systeme im Vergleich

Softwarequalität und Usability

Bibliografische Information der Deutschen Nationalbibliothek:

Die Deutsche Nationalbibliothek verzeichnet diese Publikation in der Deutschen Nationalbibliografie; detaillierte bibliografische Daten sind im Internet über http://dnb.d-nb.de abrufbar.

Impressum:

Copyright © Studylab 2019

Ein Imprint der Open Publishing GmbH, München

Druck und Bindung: Books on Demand GmbH, Norderstedt, Germany

Coverbild: Open Publishing GmbH | Freepik.com | Flaticon.com | ei8htz

Inhaltsverzeichnis

Abbildungsverzeichnis V

Tabellenverzeichnis VI

Abkürzungsverzeichnis VII

1 Einleitung 1

    1.1 Problemstellung 2

    1.2 Zielsetzung 4

2 Grundlagen 6

    2.1 Business Intelligence 6

    2.2 Softwarequalität 10

3 Konzeption und Methode 21

    3.1 Erweiterter Kriterienkatalog 21

    3.2 Business Intelligence Softwareauswahl 23

    3.3 Qualitative Vorgehensweise 30

4 Qualitativer Vergleich der Business Intelligence Systeme 36

    4.1 Werkzeugschnittstelle / Funktionalität 36

    4.2 Ein- und Ausgabeschnittstelle 41

    4.3 Dialogschnittstelle 44

    4.4 Bewertung und Ergebnisse 46

5 Fazit 56

Literaturverzeichnis 59

Anhang A: Bewertung SAP Lumira Discovery 62

Anhang B: Bewertung Tableau Desktop 66

Anhang C: SAP Lumira Discovery Installationsdokumentation 68

Anhang D: Tableau Desktop Installationsdokumentation 74

Abbildungsverzeichnis

Abb. 1: Top intelligence applications being used in organizations worldwide as of 2018..1

Abb. 2: Market share of the leading business intelligence software vendor, as of 2017......2

Abb. 3: Priorities of companies when evaluating a new analytics vendor worldwide as of 2018..................3

Abb. 4: Ebenen eines ganzheitlichen BI Verständnisses 7

Abb. 5: Eigene Darstellung eines Business Intelligence Systems und Datawarehouse........8

Abb. 6: Eigene Darstellung eines Datawarehouse und BI Front-End 10

Abb. 7: Eigene Darstellung Softwarequalität nach ISO/IEC Norm 25010 12

Abb. 8: Beziehungen der Bestandteile von ISO 9241 zueinander 18

Abb. 9: IFIP-Modell für Benutzungsschnittstellen 19

Abb. 10: Eigene Darstellung der erweiterten Vergleichskriterien 22

Abb. 11: modifiziert durch Verf. SAP Lumira System als Übersicht 25

Abb. 12: modifiziert durch Verf. klassische Architekturskizze von SAP Lumira 26

Abb. 13: modifiziert durch Verf. Architekturkonzept für SAP Lumira Discovery..................27

Abb. 14: Eigene Darstellung der Architekturskizze für Tableau..................29

Abb. 15: Eigene Darstellung Architekturkonzept für Tableau Desktop..................30

Abb. 16: Werkezugschnittstelle / Funktionalität – Balkendiagramm 49

Abb. 17: Ein- und Ausgabeschnittstelle - Balkendiagramm..................50

Abb. 18: Dialogschnittstelle – Balkendiagramm 52

Abb. 19: Vergleich der Werkzeugschnittstelle/Funktionalität 54

Abb. 20: Vergleich der Ein- und Ausgabeschnittstelle 54

Abb. 21: Vergleich der Dialogschnittstelle..................55

Tabellenverzeichnis

Tab. 1: Gewichtungsberechnung für Kriterien der Werkzeugschnittstelle/Funktionalität 32

Tab. 2: Gewichtungsberechnung für Kriterien der Ein- und Ausgabeschnittstellen 32

Tab. 3: Gewichtungsberechnung für Kriterien der Dialogschnittstelle 33

Tab. 4: Definition für die Kriterien der Werkzeugschnittstelle / Funktionalität 34

Tab. 5: Definition für die Kriterien der Ein- und Ausgabeschnittstelle 34

Tab. 6: Definition für die Kriterien der Dialogschnittstelle 35

Tab. 7: Bewertungsmatrix der Werkzeugschnittstelle / Funktionalität 48

Tab. 8: Bewertungsmatrix der Ein- und Ausgabeschnittstelle 50

Tab. 9: Bewertungsmatrix der Dialogschnittstelle 52

Tab. 10: Bewertungsmatrix und Ergebnis SAP Lumira Discovery und Tableau Desktop. 53

Abkürzungsverzeichnis

BI	Business Intelligence
BICC	Business Intelligence Competence Center
BO	BusinessObjects
BW	Business Warehouse
CSS	Cascading Style Sheet
CSV	Comma Separated Values
CPU	Central Process Unit
DB	Datenbank
DM	Data Mart – Datenansicht in einem Datawarehouse
ERP	Enterprise Resource Planning
ETL	Extrahieren, Transformieren, Laden (Prozess im Datawarehouse)
GB	Gigabyte
GOMS	Goals, Operators, Method, Selection Rules
IEC	International Electrotechnical Commission
IFIP	International Federation for Information Processing
ISO	Internationale Organisation für Normung
JCO	Java Connector
JDBC	Java Database Connectivity
MB	Megabyte
Mdb	Microsoft Access Database
MS Excel	Microsoft Excel
MSSQL	Microsoft Server Structured Query Language
ODBC	Open Database Connectivity
OLAP	Online Analytics Processing
OS	Operating System
PDF	Portable Document Format

Abkürzungsverzeichnis

PNG	Portable Network Graphics
RAM	Random Access Memory
SQL	Structured Query Language

1 Einleitung

In diesem Kapitel wird nach einer kurzen prägnanten Einleitung in das Thema dieser Bachelor Thesis die Problemstellung erörtert und vorgestellt. Die Zielsetzung schließt das Kapitel mit der Aufstellung der Forschungsfragen ab.

Durch die schnelle Digitalisierung entwickelt sich der IT-Markt stetig weiter, und damit auch das Angebot von Analytics Software. Dabei sollen wertvolle Erkenntnisse aus großen Datenmengen gewonnen werden. Business Intelligence und neuere Ansätze wie Big Data oder Data Science ermöglichen es, aus großen Datenmengen neue Entscheidungsgrundlagen zu schaffen, Geschäftsprozesse und Kundenorientierung zu optimieren, Risiken zu kalkulieren und die Profitabilität zu steigern. In einer Umfrage von Forbes & Microstrategy werden die ab 2018 weltweit in Organisationen eingesetzten Top-Intelligence-Anwendungen aufgeführt. Dabei wurden 500 Analytics Professionals in Unternehmen befragt, in welchen Intelligence Anwendungen eingesetzt werden. Der Abbildung 1 kann die anteilige Nutzung von Intelligence Anwendungen in diesen Unternehmen entnommen werden. Dabei erhält man einen guten Überblick, welche Analytics Anwendungen Einzug in die Wirtschaft erhalten bzw. bereits haben.

Abb. 1: Top intelligence applications being used in organizations worldwide as of 2018
Quelle: [vgl. Forb18a]

In Bezug auf die Business Intelligence Anwendungen sind das Enterprise Reporting sowie Data Discovery mit jeweils 47% als die nach Big Data Analytics zweit meistgenutzten Analytics Anwendungen in Unternehmen vorzufinden. Sie stellen somit einen essentiellen Bedarf von Business Intelligence Anwendungen in Unternehmen dar.

Aus der Studie von Gartner & JP Morgan Chase aus dem Jahr 2017 geht hervor, dass sich viele Anbieter auf die Entwicklung von Business Intelligence Software spezialisiert haben. Der Marktanteil der weltweit führenden Business Intelligence Anbietern aus dem Jahr 2017 kann der Abbildung 2 entnommen werden:

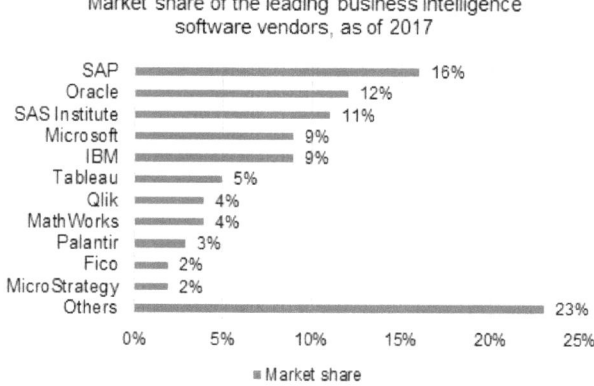

Abb. 2: Market share of the leading business intelligence software vendor, as of 2017
Quelle: [vgl. Gar17]

1.1 Problemstellung

Innerhalb eines Unternehmen kommt es durchaus vor, dass mehrere Business Intelligence Anwendungen genutzt werden, wobei der Anwender unterschiedliche Aufgaben in den jeweiligen Business Intelligence Anwendungen durchführt. Aufgrund des komplexen und zunehmenden Angebots von Business Intelligence Anwendungen ist es fraglich, ob ein Anwender das vorhandene Wissen auf weitere Business Intelligence Anwendungen, die sich beispielsweise in der Benutzeroberfläche oder Menüführung ähneln, übertragen kann. Dabei ist gerade in Unternehmen der wirtschaftliche Aspekt sehr wichtig. Denn der Ablauf in der Bedienung einer Anwendung kann das wirtschaftliche Ergebnis durch entstehende Opportunitätskosten beeinflussen. Zudem kann eine suboptimale Bedienung von Anwendungen zur Demotivation der Anwender führen. [vgl. DGUV, S. 8.]

Vor dem Kauf und der eigentlichen Nutzung von Software innerhalb des Unternehmens wird vorab ein Kriterienkatalog von Verantwortlichen ausgearbeitet, der bei der Auswahl der passenden Analytics Software unterstützen soll. Durch Machbarkeitsstudien können die Beteiligten bei der Identifizierung der passenden Softwareauswahl unterstützen. Aus der Umfrage von Forbes & Microstrategy „Priorities of companies when evaluating a new analytics vendor worldwide as of 2018", in der Abbildung 3 dargestellt, geht hervor, dass Unternehmen die Prioritäten von Analytics Software unterschiedlich definieren.

Als das wichtigste Kriterium bewerteten Unternehmen die Sicherheit der Analytics Anwendung. Zusätzlich wurden von Unternehmen drei weitere Kriterien mit gleich hoher Priorität von jeweils 17 % evaluiert. Diese sind eine umfassende Analytics Plattform sowie das Image des Produktes und des Anbieters auf dem Analytics Markt. Ein weiteres zentrales Kriterium bezieht sich auf die Benutzerfreundlichkeit und hebt damit die große Bedeutung einer einfachen Handhabung in der Nutzung von Analytics Anwendungen hervor.

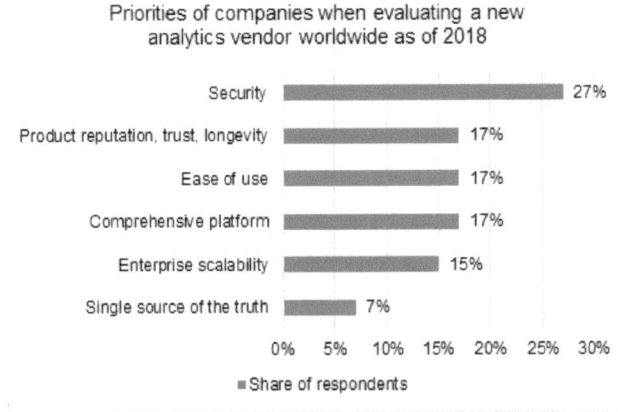

Abb. 3: Priorities of companies when evaluating a new analytics vendor worldwide as of 2018
Quelle: [vgl. Forb18b]

In einer Marktstudie der Conespirit GmbH in Kooperation mit der Hochschule Heilbronn wurde der Status quo der Nutzung von Enterprise Resource Planning und Business Intelligence Anwendung sowie der Nutzen und Bedarf von Business Intelligence Anwendungen untersucht. Zusätzlich wurden die Kaufgründe für Business Intelligence als Software „as a Service" betrachtet. Die 295 Befragten wurden gebeten, die Kriterien auf einer Skala von 1 bis 6 einzuschätzen. Aus der Umfrage kam hervor, dass Benutzerfreundlichkeit mit einer Bewertung von 5,5 der wichtigste Faktor und somit Kaufgrund für eine Business Intelligence as a Service Lösung darstellt. [vgl. Cone17, S. 18.]

1.2 Zielsetzung

Aus der erläuterten Problemstellung lässt sich schließen, dass sich der weltweite Markt für Analytics Anwendungen stetig weiterentwickelt. Gerade im Bereich Business Intelligence ist das direkte Arbeiten mit grafischen Benutzeroberflächen an Anwendungssystemen unabdingbar. Im Umgang mit unterschiedlichsten Business Intelligence Anwendungen ist die Benutzerfreundlichkeit für den Anwender ein wichtiges Kriterium. Dieser soll seine Arbeit mit geringem Aufwand erledigen können. Dabei ist die Software Ergonomie essentiell, denn sie entscheidet, ob der Anwender seine Aufgaben effizient erfüllen kann. [vgl. Woy11, S. 8.] Nach Kohnke wird dies mit zwei Variablen beschrieben:

> „... zwei zentrale Variablen [spielen] eine besondere Bedeutung für die Akzeptanz und das Nutzungsverhalten von Anwendern...: die wahrgenommene Nützlichkeit der Systemnutzung und die wahrgenommene Leichtigkeit der Systemnutzung."
>
> [Ko15, S. 116.]

Das Ziel dieser Arbeit ist ein qualitativer Vergleich von Business Intelligence Systemen mittels einem theorieorientierten Ansatz, welcher sich auf Kriterien aus der Softwarequalität bezieht. Dabei werden anhand einer tiefergehenden Betrachtung von Softwarequalitätskriterien und deren Normen im Kontext zur Usability Kriterien herausgearbeitet, die es ermöglichen, einen qualitativen Vergleich von SAP Lumira Discovery und Tableau Desktop durchführen zu können. Im Rahmen dieser Arbeit wird auf einen bestehenden Ansatz aus der Softwareergonomie zurückgegriffen und es werden anhand der ISO Norm 9241-11 eigene Prüfkriterien hergeleitet. Dabei soll sich der qualitative Vergleich an anerkannten Qualitätsstandards sowie Normen orientieren. Im Zentrum der Arbeit stehen folgende Fragestellungen:

1. Welche Normen und Standards der Softwarequalität können für einen qualitativen Vergleich von Business Intelligence Systemen herangezogen werden?
2. Welche Prüfkriterien lassen sich auf Business Intelligence Systeme für Self-Service und Data Discovery im Kontext zur Usability anwenden?
3. Welches Business Intelligence System (SAP Lumira Discovery oder Tableau Desktop) erfüllt die Prüfkriterien im Kontext zur Usability am ehesten?

2 Grundlagen

In diesem Kapitel werden die theoretischen Grundlagen des Begriffs Business Intelligence erläutert. Dabei geht der Autor auf Definitionen sowie die Architektur und das Datawarehouse ein. Zusätzlich werden die Business Intelligence Anwendungen SAP Lumira und Tableau im Kontext Business Intelligence vorgestellt. Abschließend wird Softwarequalität erläutert und das Qualitätsmerkmal Usability für den Business Intelligence System Vergleich tiefergehend betrachtet.

2.1 Business Intelligence

Die Gartner Group hat Mitte der 90er Jahre den Begriff Business Intelligence geprägt. [vgl. Sch16, S. 20.] Dabei wird das Wort „Intelligence" im deutschen Sprachgebrauch als Ergebnis einer Handlung verstanden, welche zu einer Erkenntnis führt. Im Kontext mit „Business" wird der Bezug zum Unternehmen hergestellt und ist somit als „Geschäftsbetrieb" zu verstehen. Daraus abgeleitet benötigen Unternehmensentscheider Erkenntnisse aus dem Geschäftsbetrieb, um eine optimale Steuerung von Geschäfts- und Unterstützungsprozessen zu tätigen. [vgl. Sch16, S. 22.] Mit Business Intelligence, kurz „BI" genannt, wird ein IT-basierender Ansatz zur Entscheidungsunterstützung bezeichnet. Eine ausführliche Definition beschreibt Business Intelligence auch als Sammelbegriff, welcher IT-gestützt die Aufbereitung und Analyse von Informationen durchführt. [vgl. Sie18, o.S.] Dabei lassen sich BI-Werkzeuge von BI-Anwendungssystemen unterscheiden. BI-Werkzeuge werden in der Entwicklung von Anwendungen und im Berichtswesen genutzt. BI-Anwendungssysteme bilden wiederum Teilbereiche eines allumfänglichen Business Intelligence Systems. [vgl. Kem10, S. 9.] Nach Schieder lässt sich Business Intelligence in vier Ebenen unterteilen (siehe Abbildung 4).

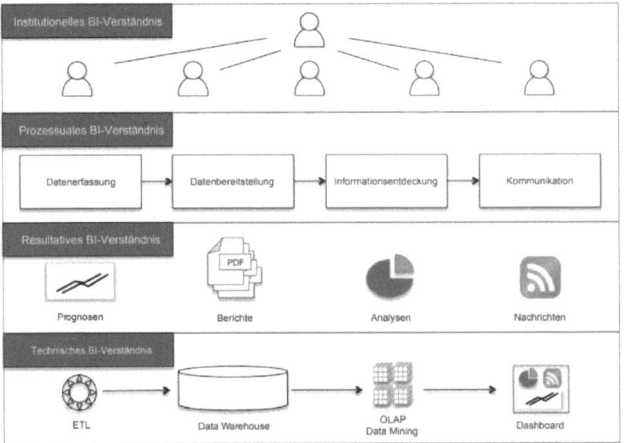

Abb. 4: Ebenen eines ganzheitlichen BI Verständnisses
Quelle: [vgl. Sch14]

Die unternehmensweiten Organisationseinheiten, welche sich mit Business Intelligence auseinandersetzen (Institutionelles BI-Verständnis), nennen sich Competence Center. Diese sind auch als Business Intelligence Competence Center (BICC) bekannt. Die Zuständigkeit liegt im zielgerichteten Erzeugen von Business Intelligence (Resultatives BI-Verständnis) im Unternehmen. Hinzukommend werden durch das Business Intelligence Competence Center BI-Prozesse und BI-Standards für die Prozessresultate durch Governance Richtlinien sichergestellt. Die Technische Ebene besteht aus mehreren BI-Systemen bzw. Komponenten, welche unterschiedliche Aufgaben sowie Funktionalitäten haben. Hierzu gehören die Sammlung, Integration, Bereitstellung, Speicherung und Auswertung von Informationen sowie der Präsentation der Ergebnisse. [vgl. Sch16, S. 24.]

2.1.1 Definition und Architektur

Business Intelligence dient als informationstechnische Entscheidungsunterstützung in Unternehmen. Durch das Sammeln und Auswerten von Daten sollen Erkenntnisse und Informationen gewonnen werden. [vgl. Grü09, S. 398.] Die Architektur von Business Intelligence Systemen besteht aus zwei separaten Systemen (siehe Abbildung 5). Die Daten, welche dem Business Intelligence Anwendungssystem zur Verfügung gestellt werden, befinden sich in einem Datawarehouse. Sie werden durch Datenintegrations-Anwendungen in das Datawarehouse geladen. Das Auswerten der Daten erfolgt mit dem Business Intelligence Anwendungssystem. Somit lässt sich eine logische Abgrenzung zwischen beiden Systemen erkennen. [vgl. Glu06, S. 14.] Eine einfache

Architekturskizze eines Business Intelligence- und eines Datawarehouse-Systems zeigt die logische Trennung (siehe Abbildung 5).

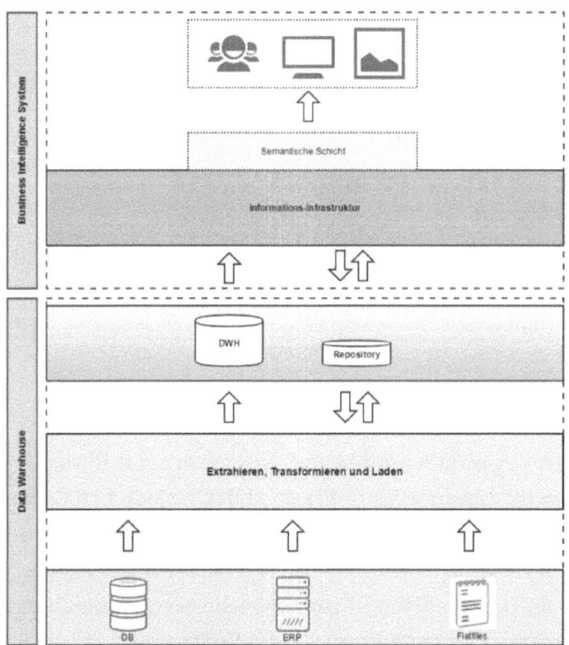

Abb. 5: Eigene Darstellung eines Business Intelligence Systems und Datawarehouse
Quelle: [Eigene Darstellung.]

Nach der Sammlung von Daten in unterschiedlichen operativen Anwendungssystemen und Datenbanken werden diese mittels Extrahieren, Transformieren und Laden in ein Datawarehouse übertragen. Dieses Vorgehen wird auch ETL-Prozess genannt. Dabei werden die heterogenen Daten im Ziel-Datawarehouse zu einem konsistenten Datenbestand zusammengeführt. Anschließend werden einzelne Datentöpfe für bestimmte Fragestellungen der Unternehmensfachbereiche erstellt. Hierbei ist es wichtig, in Absprache mit den Unternehmensfachbereichen zu erkennen, welche Daten für die Fragestellungen unabdingbar sind. Das Endprodukt, welches sich im Datawarehouse für die einzelnen Unternehmensfachbereiche finden lässt, ist der sogenannte „Data Mart", eine relationale Ansicht auf einen bestimmten Datentopf. Weiterhin sind auch multidimensionale Ansichten auf einen aggregierten Datenbestand (Online-Analytics-Processing-Cube) möglich. [vgl. Glu06, S. 14ff.] Eine Vereinfachung der Datenauswertung für den Unternehmensfachbereich bietet eine semantische Schicht im Business Intelligence System. Dabei werden Datenbankansichten (Views) auf Metadatenebene erstellt, welche als Business Schicht funktionieren. Der Unternehmensfachbereich benötigt somit keine tiefergehenden Kenntnisse von Datenbanken bzw. Datenbanksprachen wie Structured Query Language (SQL). Der einzelne Berichtsentwickler erhält somit eine Abfrageansicht, welche vordefinierte und selbsterklärende Dimensionen, Attribute und Kennzahlen beinhaltet. [vgl. Ahs14, S.29 f.]

2.1.1.1 Datawarehouse

Die Grundlage eines Business Intelligence Systems ist ein Datawarehouse, welches heterogene Daten aus unternehmensinternen und -externen Datenquellen zur Verfügung stellt. Die Daten im Datawarehouse liegen granular sowohl aggregiert über einen längeren Zeithorizont konsistent vor. Business Intelligence Anwendungssysteme haben somit eine unternehmensweite sowie einheitliche Datenbasis, um Auswertungen und Analysen durchzuführen. [vgl. Kem10, S. 19 f.]

Die Datenintegration ist Hauptbestandteil des Datawarehouse. Sie ist die Schnittstelle zwischen den unternehmensinternen und -externen Datenquellen, die die Datensammlung im Datawarehouse ermöglichen. Der erste Schritt ist die Anbindung der Quellsysteme an die ETL-Anwendung. Der Prozess wird durch ein initiales Datenladen von den Quellsystemen in den „Stage" Bereich durchgeführt. Die unternehmensrelevanten selektierten Daten werden in die „Stage" Datenbank geladen. Dieser Prozess wird auch als „Staging" bezeichnet. Da die geladenen Daten im „Stage" Bereich heterogen sind und keiner Logik unterliegen, erfolgt das Transformieren bzw. Cleansing der Daten. Dieser Schritt beinhaltet mehrere Teilschritte wie z.B. das Filtern von Daten, die nicht weiter benötigt werden, die Harmonisierung auf inhaltliche, technische und betriebswirtschaftliche Standards, die Verdichtung der Daten zu aggregierten Informationen und die Anreicherung weiterer Daten, die zur Bildung bestimmter Kennzahlen benötigt werden. Das Transformieren stellt somit einen wichtigen Prozess dar. Abschließend werden die transformierten Daten in das Ziel-Datawarehouse geladen. Der Prozess Datenladen in das Ziel-Datawarehouse erfolgt in der Regel periodisch, welches täglich, wöchentlich oder monatlich durchgeführt werden kann. Eine Abbildung des Prozesses ist auch in Echtzeit möglich. Dadurch erhöht sich die Datenaktualität im Datawarehouse. [vgl. Kem10, S. 26 ff.] Damit die Daten im Ziel-Datawarehouse durch Business Intelligence Anwendungssysteme genutzt werden können, wird ein abgestimmtes Datenmodell erstellt. Die Datenmodelle können relational aufgebaut werden, wie beispielsweise der Data Mart oder multidimensional wie ein Online-Analytics-Processing-Cube. Wie in der beispielhaften Architekturskizze eines klassischen Datawarehouse aufgezeigt (s. Abbildung 6), werden die operativen Daten aus den Quellsystemen durch den Extrahieren-Transformieren-Lade-Prozess in den endgültigen Datenmodellen wie dem Data Mart oder dem Online-Analytics-Processing-Cube enden. Weiterführend ist die schematische Ankopplung an das Business Intelligence Anwendungssystem skizziert, um die Präsentationsebene darzustellen.

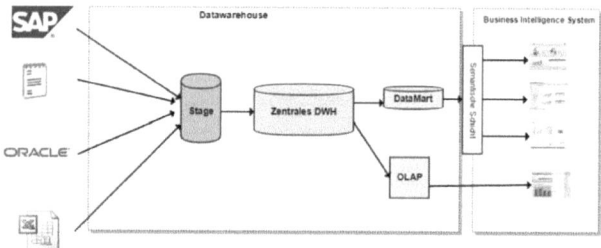

Abb. 6: Eigene Darstellung eines Datawarehouse und BI Front-End
Quelle: [Eigene Darstellung.]

Dieses Unterkapitel dient der kurzen Einführung in das Datawarehouse und soll die Bedeutung von Business Intelligence aufzeigen. Eine tiefergehende Betrachtung im Rahmen dieser Arbeit wird jedoch aufgrund des begrenzten Umfangs nicht weiter fortgeführt.

2.2 Softwarequalität

Die Softwarequalität bezeichnet die Merkmale eines Softwareprodukts und den Grad der Erfüllung der gestellten Anforderungen an diese Software. Die Softwarequalität misst sich beispielsweise an folgenden Merkmalen: angemessene Antwortzeiten der Software, Erfüllung der genannten Funktionen durch die Software, zuverlässige und einfache Bedienung der Software. [vgl. Gol11, S. 120.] Sind diese Merkmale erfüllt, wird von einer hohen Softwarequalität gesprochen. In der Literatur werden spezifische Kriterien und Merkmale von Softwarequalität benannt. Bei einer tiefergehenden Betrachtung von Standards und Normen von Softwarequalität lassen sich Spezifizierungen der Merkmale in vordefinierten Standards finden. Die Vereinigung International Organisation für Standardisation (ISO) ist der Herausgeber für die Definition und Festlegung dieser Standards. Die Internationale Elektrotechnische Kommission (IEC) ist eine weitere Internationale Normungsinstitution. [vgl. IEC, o.S.] Beide Institutionen, die ihren Hauptsitz in der Schweiz haben, arbeiten eng zusammen. Die Internationale Organisation für Standards und die Internationale Elektrotechnische

Kommission sind beides unabhängige, nicht staatliche Institutionen. Die Internationale Organisation für Standardisation hat ca.162 Mitglieder, wobei die Mitglieder das Expertennetzwerk, welches dazu beiträgt, Normen im Bereich der Softwarequalität zu erarbeiten und zu pflegen, bilden. [vgl. ISO, o.S.] Eine unter den Institutionen erstellte Norm ist die ISO Norm 9126, welche den Begriff Softwarequalität wie folgt definiert:

> „Softwarequalität ist die Gesamtheit der Merkmale und Merkmalswerte eines Software-Produkts, die sich auf dessen Eignung beziehen, festgelegte Erfordernisse zu erfüllen."
> [ISO9126]

Aus der Definition geht hervor, dass Softwarequalität eine multikausale Größe beschreibt. Dabei ist es nicht möglich, Softwarequalität anhand eines einzelnen Merkmales oder Kriteriums zu messen. Hinter den Merkmalen verbergen sich weitere Kriterien, die sich auch gegenseitig ausschließen können. Die Relevanz der einzelnen Merkmale und Kriterien variiert in Abhängigkeit des Anwendungsgebietes und lässt somit keine Rückschlüsse auf die Bedeutsamkeit zu. [vgl. Hof13, S.6.]

Im Jahr 2011 wurde die ISO Norm 9126 durch die ISO/IEC Norm 25010 abgelöst. Dabei ist die ISO/IEC Norm 25010 eine Nachfolge-Norm für Softwarequalität mit neuen Hauptkategorien, der Sicherheit und der Kompatibilität, welche beide vorher in der Kategorie Funktionalität zusammengefasst waren. In den folgenden Unterkapiteln werden die Software-Qualitätsmerkmale nach der aktuell gültigen ISO/IEC Norm 25010 vorgestellt. Weiterhin wird die Benutzerfreundlichkeit, im Englischen „Usability" bezeichnet, anhand der ISO Norm 9124-11 detailliert dargestellt.

2.2.1 Softwarequalitätsmerkmale nach ISO/IEC Norm 25010

Es wird die ISO/IEC Norm 25010 für Software-Qualitätsmerkmale als Ausgangslage für diese Arbeit genutzt. Diese stellt die Weiterentwicklung der ISO Norm 9126 dar. Die ISO/IEC Norm 25010 besteht aus zwei Modellen, welche für die Sicherstellung von Softwarequalität angeführt werden. Diese Modelle umfassen zum einen das Produktqualitätsmodell, zum anderen das Qualitätsnutzungsmodell. Die Merkmale und Kriterien in diesen Modellen beziehen sich ausschließlich auf die Qualität der Software als Produkt. Das Produktqualitätsmodell der ISO/IEC Norm 25010 besteht aus acht Qualitätsmerkmalen mit den entsprechenden Prüfkriterien für Softwarequalität. Dabei wird die ISO/IEC Norm 25010 als Vorgehensmodell zur Steigerung der Softwarequalität eingesetzt. Im Folgenden werden die Software-Qualitätsmerkmale und deren Kriterien dargestellt (Abbildung 7).

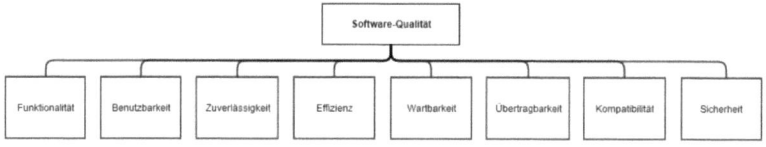

Abb. 7: Eigene Darstellung Softwarequalität nach ISO/IEC Norm 25010
Quelle: [ISO25010]

Das Qualitätsmerkmal Funktionalität prüft im Wesentlichen, ob die Software den spezifizierten Anforderungen entspricht. Dabei ist zu beurteilen, ob die Softwarefunktion vollständig und die Software korrekt und deren Funktionalität angemessen ist. Die meisten funktionalen Fehler sind typische Implementierungsfehler, auch „Bugs" genannt. Die Kriterien der Funktionalität sind:

2.2.1.1 Funktionalität:

- Vollständigkeit hinsichtlich der Softwarefunktion
- Korrektheit
- Angemessene Funktionalität

Das Qualitätsmerkmal „Benutzbarkeit" überprüft die Verständlichkeit sowie die Benutzerfreundlichkeit einer Software. Im Kern ist zu prüfen, ob die optimale Erkennbarkeit vorhanden und der Umgang mit der Software leicht zu erlernen sind. Darüber hinaus sollte die Softwareanwendung eine leichte, einfache und angenehme Bedienbarkeit vorweisen sowie ein Schutz vor Fehlbedienung durch den Anwender vorhanden sein. Zuletzt wäre zu klären, ob eine attraktive Benutzeroberfläche vorhanden und der Zugang zur Software leicht ist. Die Kriterien der Benutzerfreundlichkeit sind nachfolgend aufgeführt:

2.2.1.2 Benutzbarkeit:

- Optimale Erkennbarkeit
- Leicht erlernbar und lernfähig
- Gute Bedienbarkeit
- Schutz vor Fehlbedienung durch den Nutzer
- Ästhetisches User-Interface
- Leichter Zugang

Das Qualitätsmerkmal Zuverlässigkeit prüft, inwieweit die Softwarequalität ausgereift und die Verfügbarkeit der Software vorhanden ist. Dieses Kriterium stellt dar, wie hoch die Fehlertoleranz und ob das System wiederherstellbar ist. Dabei wird die

Software in den unterschiedlichsten Alltagssituationen geprüft und soll ein Bild über die Stabilität der Software wiedergeben.

Die Qualitätsmerkmale Funktionalität, Benutzbarkeit und Zuverlässigkeit werden hier unter dem Begriff „Effektivität" zusammengefasst, da ausschließlich geprüft wird, ob die Software zum gewünschten Ergebnis führt. Die Kriterien des Merkmals Zuverlässigkeit werden wie folgt definiert:

2.2.1.3 Zuverlässigkeit:

- Ausgereifte Softwarequalität
- Verfügbarkeit
- Fehlertoleranz
- Wiederherstellbarkeit

Das Qualitätsmerkmal Effizienz prüft das Zeitverhalten der Anwendung, und ob die Ressourcen effektiv genutzt werden. Dabei steht die Performance im Vordergrund, unabhängig davon wie die Software funktioniert. Die Kriterien des Merkmals Effizienz werden wie folgt definiert:

2.2.1.4 Effizienz:

- Zeitverhalten
- Ressourcen effektiv nutzen
- Kapazitäten schonen

Das Qualitätsmerkmal Wartbarkeit prüft, ob ein modularer Aufbau in der Software vorhanden ist. Weiterhin wird die Möglichkeit der Wiederverwendung des Quellcodes sowie die Nutzung von Komponenten in der Software evaluiert. Es wird außerdem erhoben, ob eine Analysemöglichkeit im Rahmen des Quellcodes möglich ist und im Zuge dessen geprüft, wie leicht der Quellcode modifizierbar ist und ob eine umfangreiche Testoption angeboten wird. Die Kriterien des Merkmals Wartbarkeit werden wie folgt definiert:

2.2.1.5 Wartbarkeit:

- Modularer Aufbau
- Wiederverwendbare Komponenten
- Gute Analyse-Funktion
- Leichte Modifizierbarkeit
- Umfangreiche Testoptionen

Das Qualitätsmerkmal Übertragbarkeit prüft, wie anpassungsfähig die Software ist. Darüber hinaus wird überprüft, ob die Anwendung leicht zu installieren oder sogar durch eine andere Software zu ersetzen ist. Die Kriterien des Merkmals Übertragbarkeit werden wie folgt definiert:

2.2.1.6 Übertragbarkeit:

- Gute Adaptivität
- Leichte Installation
- Einfach austauschbar

Das Qualitätsmerkmal Kompatibilität prüft, ob die Software neben weiterer Software existieren kann und ob die Software ohne Probleme mit anderen Softwaresystemen zusammenarbeitet. Die Kriterien des Merkmals Kompatibilität werden wie folgt definiert:

2.2.1.7 Kompatibilität:

- Optimale CO-Existenz zu weiteren Software
- Interoperabilität

Das Qualitätsmerkmal Sicherheit prüft, ob die Software den aktuellen Datenschutz gewährt, die Software integer und nicht manipulierbar ist, eine sichere Administration sowie geschützte Anwender-Accounts vorhanden sind und ob die Software auch der Authentifizierbarkeit entspricht. Die Kriterien des Merkmals Sicherheit werden wie folgt definiert:

2.2.1.8 Sicherheit:

- Datenschutz
- Integrität
- Nicht manipulierbar
- Sicher Administration und geschützte Benutzer-Accounts
- Authentifizierbarkeit [vgl. ISO25010]

Weiterhin beschreibt die ISO/IEC Norm 25010 das „Qualitätsnutzungsmodell", welches aus fünf Merkmalen besteht. Diese beziehen sich auf das Ergebnis der Benutzerinteraktion, wenn das bestimmte Produkt in einem Anwendungskontext genutzt wird. Dieses Qualitätsnutzungsmodell ist auf das Mensch-Computer-System anwendbar. Es werden im Qualitätsnutzungsmodell folgende Merkmale unterschieden:

- Effektivität
- Effizienz
- Zufriedenheit
- Fehlerfrei
- Kontextabhängig [vgl. ISO25010, Qualitätsnutzungsmodell]

Das Qualitätsnutzungsmodell beschreibt somit die Möglichkeit der Untersuchung auf einer detaillierten Ebene. Dabei liegt der Schwerpunkt bei der Mensch-Computer-Interaktion. Diese wird auch als „Usability" definiert und lässt sich in der ISO Norm 9241-11 wiederfinden.

2.2.2 Usability nach ISO Norm 9241-11

Die ISO Norm 9241-11 verwendet den Begriff „Usability" [vgl. ISO9241b], welches sich von dem englischen Wort „usable" ableitet. In das Deutsche übersetzt meint dies „benutzerfreundlich, gut aufbereitet, leicht anzuwenden". [vgl. Duden, Usability] Die Benutzerfreundlichkeit befasst sich mit den Eigenschaften eines Systems, die in direkter Interaktion zwischen Mensch und Computer stehen. [vgl. Hoff13, S. 8.] Neben dem Begriff „Usability" findet sich der Begriff „Gebrauchstauglichkeit" häufig in der Literatur wieder, wobei hierdurch eine Differenzierung der Begrifflichkeiten vorgenommen und zugleich ein Bezug zur Software-Ergonomie hergestellt wird. [vgl. Her09, S. 9.] Usability beschreibt das Ausmaß wie Software von einem Benutzer verwendet werden kann, um bestimmte Aufgaben im jeweiligen Aufgabenkontext effektiv, effizient und zufriedenstellend zu erledigen. [vgl. Woy11, S. 23.] Die Kriterien Effektivität, Effizienz und Zufriedenstellend werden in der ISO Norm 9241-11 als

Leitkriterien angeführt. Die ISO Norm 9241 beschreibt 17 Einzelnormen, welche sich auf die ergonomischen Anforderungen für Bürotätigkeiten mit Bildschirmgeräten beziehen. Entgegen dem Titel der ISO 9241 Norm enthält sie nicht nur ergonomische Anforderungen für Bürotätigkeiten, sondern auch Anwendungsfälle, in denen die Interaktion zwischen Mensch und Computer stattfindet. Im Wesentlichen lassen sich die Einzelnormen in vier Gruppen aufteilen.

Die Gruppe „**Allgemein**": In der Allgemeinen Gruppe wird in das Thema eingeführt und grundlegende Aspekte der Einzelnormen dargestellt.

- Teil 1 Allgemeine Einführung
- Teil 2 Anforderungen an die Arbeitsaufgaben
- Teil 110 Grundsätze der Dialoggestaltung
- Teil 11 Angaben zur Gebrauchstauglichkeit

Die Gruppe „**Umgebung**": In der Gruppe der Umgebung werden die Anforderungen an den Arbeitsplatz sowie die Arbeitsumgebung beschrieben.

- Teil 5 Anforderungen an die Arbeitsplatzgestaltung
- Teil 6 Anforderungen an die Arbeitsumgebung

Die Gruppe „**Hardware**": In dieser Gruppe werden die Anforderungen an die Hardwarekomponenten dargestellt.

- Teil 3 Anforderungen an visuelle Anzeigen
- Teil 4 Anforderungen an Tastaturen
- Teil 7 Anforderungen an die visuelle Anzeige bzgl. Reflexion
- Teil 8 Anforderungen an Farbdarstellungen
- Teil 9 Anforderung an Eingabegeräte besteht

Die Gruppe „**Software**": In der Software Gruppe werden die Anforderungen an die Softwarekomponenten dargestellt.

- Teil 12 Informationsdarstellung
- Teil 13 Benutzerführung
- Teil 14 Dialogführung mittels Menüs
- Teil 15 Dialogführung mittels Kommandosprache
- Teil 16 Dialogführung mittels direkter Manipulation
- Teil 17 Dialog mittels Bildschirmformularen [vgl. ISO9241a]

Die ISO Norm 9241 enthält Erweiterungen und Anhänge, welche den Grundumfang der 17 Einzelnormen ergänzen. Im Rahmen dieser Arbeit werden die Erweiterungen sowie Anhänge keiner tiefergehenden Betrachtung unterzogen, da diese für die wissenschaftliche Arbeit nicht relevant sind.

Im Kontext der Benutzerfreundlichkeit und der ISO Norm 9241-11 wird auch von Software-Ergonomie gesprochen. Dabei beschreibt die Software-Ergonomie die Interaktion von Benutzer und Computer. Durch Theorien und Methoden, welche für die Analyse, die Modellierung sowie Gestaltung und Evaluierung erarbeitet wurden, sollen die Konzeption, Realisierung und Testung von computerbasierten Anwenderwerkzeugen nach softwareergonomischen Merkmalen ermöglicht werden. [vgl. Her09, S. 6 f.]

Nach Herczeg lässt sich Software-Ergonomie wie folgt definieren:

> „Die Software-Ergonomie widmet sich entsprechend der Gebrauchstauglichkeit von interaktiven Computersystemen. Sie ist somit die Lehre von der Computerarbeit."

[Her09, S. 7.]

2.2.3 Anforderungskriterien

In Abgrenzung zur ISO Norm 9241 und der Benutzerfreundlichkeit (Gebrauchstauglichkeit nach ISO Norm 9241-11) werden im Folgenden die Beziehungen der softwarebezogenen Bestandteile der ISO Norm 9241 herangezogen und grafisch dargestellt. Diese können der Abbildung 8 entnommen werden.

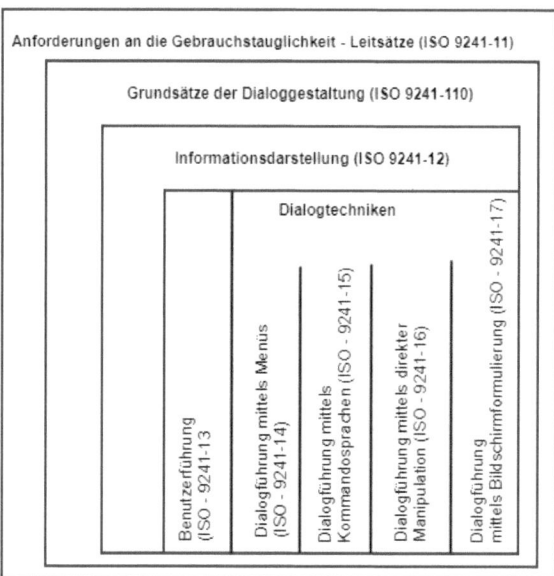

Abb. 8: Beziehungen der Bestandteile von ISO 9241 zueinander
Quelle: [ISO9241a]

Die Einzelnormen 11 (Anforderungen an die Gebrauchstauglichkeit) und 110 (Grundsätze der Dialoggestaltung) der ISO Norm 9241 stellen den Untersuchungsrahmen dar, da durch diese die Hauptprinzipien der Softwareergonomie abgebildet werden. Weiterhin können Kriterien der Software-Ergonomie zwischen Benutzer und Computer dem IFIP-Modell für Benutzungsschnittstellen entnommen werden. Dabei werden die Benutzungsschnittstellen in die folgenden Kategorien unterteilt:

- Werkzeugschnittstelle
- Dialogschnittstelle und
- Ein- und Ausgabeschnittstelle.

Das IFIP-Modell (Internationale Federation for Information Processing) bietet mit den drei Benutzungsschnittstellen eine Strukturierung des Kriterienkatalogs, der dazu geeignet ist, eine nähere Betrachtung von Mensch-Computer-Interaktionen zu untersuchen und diese zu bewerten. [vgl. Her09, S. 156 f.] Im Folgenden wird das IFIP-Modell in Abbildung 9 grafisch dargestellt.

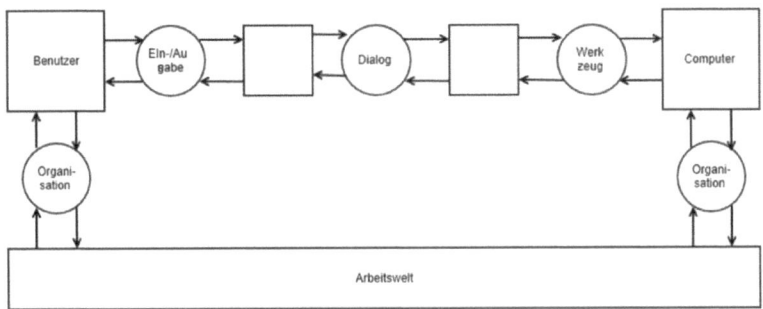

Abb. 9: IFIP-Modell für Benutzungsschnittstellen
Quelle: [Dzi83]

Die Werkzeugschnittstelle lässt sich über die Gebrauchstauglichkeit spezifizieren. Dabei sind die Hauptmerkmale relevant, um die Ziele des Benutzers in einem bestimmten Anwendungskontext im Sinne der Hauptmerkmale zu erreichen:

- Effektivität
- Effizienz und
- Zufriedenstellung

Unter Effektivität wird in der ISO Norm 9241-11 *"die Genauigkeit und Vollständigkeit, mit der Benutzer ihr Ziel erreichen"* [ISO9241b] verstanden. Effektivität wird als abhängiger Faktor von den realisierten Funktionalitäten eines Systems beschrieben. Darüber hinaus gibt die Norm vor, ob die Nutzung über die Schnittstelle für den Anwender wahrnehmbar, zugreifbar und steuerbar ist. Effizienz wird in der ISO Norm 9241-11 wie folgt definiert: *„Der im Verhältnis zur Genauigkeit und Vollständigkeit eingesetzte Aufwand, mit dem Benutzer ein bestimmtes Ziel erreichen."* [ISO9241b] Das Kriterium Zufriedenstellung wird in der Norm als *„Freiheit von Beeinträchtigungen und positive Einstellungen gegenüber der Nutzung des Produkts."* [ISO9241b] definiert. Es handelt sich hier um ein Kriterium, welches einer subjektiven Empfindung des Benutzers unterliegt und somit kritisch zu betrachten ist, da es von persönlichen Faktoren wie z.B. von dem Erfahrungsstand des Benutzers abhängt. [vgl. Her09, S. 161 f.]

Nach Herczeg ergibt sich daraus eine Liste funktionaler Kriterien, die sich nach dem IFIP-Modell für Benutzungsschnittstellen der Werkzeugschnittstelle zuschreiben lassen.

- Verfügbarkeit
- Zuverlässigkeit

- Wiederverwendbarkeit
- Kombinierbarkeit
- Erweiterbarkeit
- Komplexität
- Transparenz [vgl. Her09, S. 163.]

Die Dialogschnittstelle beschreibt die Kriterien, welche sich auf die Interaktion zwischen Mensch und Computer beziehen. Die Dialogkriterien sind:

- Aufgabenangemessenheit
- Selbstbeschreibungsfähigkeit
- Erwartungskonformität
- Lernförderlichkeit
- Steuerbarkeit
- Fehlertoleranz
- Individualisierbarkeit [vgl. ISO9241b]

Die Ein- und Ausgabeschnittstelle beschreibt die Kriterien, welche sich auf die Eingaben des Anwenders und Ausgaben des Systems beziehen. Folgende Kriterien werden dazu benannt:

- Wahrnehmbarkeit
- Lesbarkeit
- Unterscheidbarkeit
- Übersichtlichkeit
- Orientierungsförderlichkeit
- Lenkbarkeit der Aufmerksamkeit
- Handhabbarkeit
- Zuträglichkeit [vgl. Her09, S. 189 ff.]

Die benannten Kriterien sind für die allgemeine Bewertung von Softwaresystemen spezifiziert, wodurch eine nähere Untersuchung von Business Intelligence Systemen anhand der einzelnen Kriterien nur unzureichend möglich ist. Die spezifische Beurteilung von Business Intelligence Systemen erfordert daher eine weitere kontext-bezogene Ableitung der genannten Kriterien, welche im Folgenden vorgenommen wird. [vgl. Her09, S. 157.]

3 Konzeption und Methode

In diesem Kapitel wird ein erweiterter Kriterienkatalog zur Untersuchung und Beurteilung von Business Intelligence Systeme abgeleitet und vorgestellt. Daraufhin wird die Auswahl der Business Intelligence Systeme, welche für den Vergleich herangezogen werden, erörtert sowie die theoretischen Anforderungen an Softwaresysteme im Kontext zur Usability erarbeitet und beschrieben. Abschließend wird die Vorgehensweise zur Durchführung des qualitativen Vergleiches mittels der Evaluationsmethode sowie einer Nutzwertanalyse dargestellt.

Die angewandte Methode zur Untersuchung und Beurteilung der Business Intelligence Systeme orientiert sich an der wissenschaftlichen Arbeit von Lüdemann & Feig, 2014, die eine softwareergonomische Analyse von Softwarelösungen zur Ökobilanzierung durchgeführt haben [vgl. Lüd14]. Grundlage für die Arbeit von Lüdemann & Feig, 2014 und der vorliegenden wissenschaftlichen Arbeit ist die Arbeit von Michael Herczeg zur Software-Ergonomie.

3.1 Erweiterter Kriterienkatalog

Der erweiterte Kriterienkatalog wird im Kontext der Benutzerfreundlichkeit auf Business Intelligence Systeme auf Basis der bestehenden Kriterien, welche Herczeg anführt, abgestimmt und abgeleitet. Als Strukturierungsgrundlage dient das IFIP-Modell, um anschließend die einzelnen Kriterien den Benutzungsschnittstellen Ein- und Ausgabeschnittstelle, Dialogschnittstelle, Werkzeugschnittstelle zuzuordnen.

In erster Linie bestimmt die Funktionalität die Benutzerfreundlichkeit, denn der Benutzer soll in der Lage sein das System aufzurufen, dabei auf alle Funktionalitäten zuzugreifen und diese auch steuern zu können. Die Basis für ein funktionierendes System wird durch die Hardware- und Softwareanforderungen spezifiziert. Hiermit ist gemeint, auf welchem Betriebssystem die Systemanwendung betrieben werden kann und welche Hardwareanforderungen in Form von Arbeitsspeicher (RAM) und Central Processing Unit (CPU) dafür benötigt werden. Zusätzlich wird der Aufwand für die Installation der Business Intelligence Systeme betrachtet, wobei hierfür die Einfachheit im Gebrauch der Installationsroutine untersucht wird. Für eigenständige Business Intelligence Systeme ist es von besonderer Bedeutung, inwieweit eine Anbindungsmöglichkeit an eine zentrale Plattform besteht. Dabei soll untersucht werden, ob die Anbindung an die zentrale Plattform im Kontext der Benutzerfreundlichkeit gegeben ist und genutzt werden kann.

Das wichtigste Kriterium eines Business Intelligence Systems stellt die Anbindung von Datenquellen dar. Dabei wird untersucht, welche Datenbankschnittstellen standardmäßig zur Verfügung gestellt werden und wie der Prozess der Datenanbindung gestaltet ist. Im Rahmen der Datenanbindung und der Datenbankschnittstellen kommen die Kriterien der Datenaufbereitung und -anreicherung hinzu. Somit stellen sich der Zugriff sowie die Aufbereitung von Daten als zweitwichtigstes Kriterium dar.

Sind die Daten an das Business Intelligence System angebunden und es besteht eine Datenverbindung, dann erstellt der Anwender anhand der zu verarbeitenden Daten ein oder mehrere Berichte bzw. Dashboards. Dabei bedienen sich die Berichte und Dashboards unterschiedlicher Visualisierungsformen (Kuchendiagramme, Balkendiagramme, Geografische Karten etc.), welche für die Darstellung wichtig sind und somit im Kontext zur Benutzerfreundlichkeit als weiteres zu untersuchendes Kriterium angeführt werden. Abschließend werden die einzelnen Berichte und Dashboards in eine sogenannte Geschichte, auch „Story" bezeichnet, zusammengefasst und der Datenexport der Berichte und Dashboards als Kriterium abgeleitet. Um ein abschließendes Gesamtbild der Kriterien, die für den Vergleich der Business Intelligence Systeme herangezogen werden, zu erhalten, erfolgt eine zusammenfassende Darstellung. Dies kann der Abbildung 10 entnommen werden.

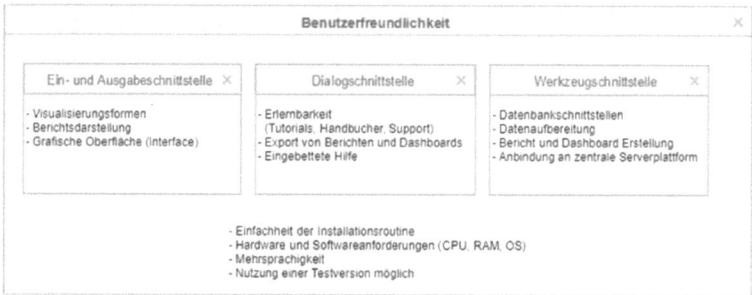

Abb. 10: Eigene Darstellung der erweiterten Vergleichskriterien
Quelle: [Eigene Darstellung.]

Die abgebildeten Kriterien aus der Kategorie Werkzeugschnittstelle leiten sich aus den Schnittstellen Kombinierbarkeit der Anwendung sowie der anwendungsspezifischen Funktionalität (Erweiterbarkeit, Komplexität, Transparenz, Verfügbarkeit) ab. Folgende Kriterien wurden abgeleitet:

- Datenbankschnittstelle
- Datenaufbereitung
- Bericht- und Dashboard Erstellung
- Anbindung an zentrale Serverplattform

Weiterhin lassen sich zusätzliche funktionale Kriterien spezifizieren, welche der Werkzeugschnittstelle zugeordnet werden können. Folgende Kriterien wurden zusätzlich abgeleitet:

- Einfachheit der Installationsroutine
- Hardware- und Softwareanforderungen (CPU, RAM, OS)
- Mehrsprachigkeit
- Nutzung einer Testversion möglich

Die abgebildeten Kriterien der Ein- und Ausgabekriterien leiten sich aus den Kriterien der Wahrnehmbarkeit, der Lesbarkeit, der Übersichtlichkeit und der Handhabbarkeit der Ein- und Ausgaben in der Anwendung ab. Folgende Kriterien wurden abgeleitet:

- Visualisierungsformen
- Berichtsdarstellung
- Grafische Oberfläche (Interface)

Die abgebildeten Kriterien der Dialogschnittstelle leiten sich aus den Kriterien der Aufgabenangemessenheit, der Selbstbeschreibungsfähigkeit, der Erwartungskonformität, der Lernförderlichkeit sowie der Fehlertoleranz ab. Folgende Kriterien wurden abgeleitet:

- Erlernbarkeit (Tutorials, Handbücher, Support)
- Export von Berichten und Dashboards
- Eingebettete Hilfe

3.2 Business Intelligence Softwareauswahl

Die Auswahl von Business Intelligence Systemen auf dem weltweiten Markt ist vielfältig (siehe Abbildung 2 in Kapitel 1). Aufgrund dessen ist es von besonderer Bedeutung, Business Intelligence Softwareanbieter zu identifizieren, welche nicht branchenspezifische Produkte anbieten und sowohl für Self-Service Business Intelligence als auch für Data Discovery Funktionalitäten auf dem Business Intelligence Markt repräsentativ sind. Für diese Arbeit werden daher zwei Business Intelligence Systeme dem qualitativen Vergleich unterzogen, die ohne zusätzliche einheitliche Plattformen betrieben werden können. Die Systeme müssen jeweils als komplementäre Lösung genutzt werden und bedingen somit keines größeren Aufwands für weitere Serverarchitekturen. Weiterhin bieten beide Systeme Self-Service Business Intelligence und Data Discovery an und zeigen somit einen relativ heterogenen Nutzungs- sowie Funktionalitätsumfang auf. Da die Usability der Business Intelligence Systeme im Rahmen dieser Arbeit verglichen wird, sollten beide Systeme eine ähnliche Aufgabenabarbeitung ermöglichen. Zusätzlich war für die Softwareauswahl wichtig, zwei Business Intelligence Systeme für den Vergleich heranzuziehen, welche durch etablierte sowie fokussierte Softwareanbieter auf dem Business Intelligence Markt für Self-Service Business Intelligence und Data Discovery Systemlösungen vertreiben und weiterentwickeln. So wurden für diese Arbeit die Software SAP Lumira Discovery und Tableau Desktop, welche speziell für Self-Service Business Intelligence und Data Discovery entwickelt wurden, ausgewählt.

Die folgenden Referenzarchitekturen zeigen ein Gesamtbild der einzelnen Business Intelligence Anwendungssysteme (SAP Lumira und Tableau) und deren systematischen Aufbau, welcher durch die Hersteller als Standard vorgegeben werden, auf. Hinzukommend werden die Schnittstellen zu weiteren Systemen exemplarisch dargestellt. Die Ausgangsbasis bilden hier zwei eigenständige Business Intelligence Anwendungssysteme, welche sich explizit mit Self-Service Business Intelligence und Data Discovery bzw. der Datenvisualisierung auseinandersetzen. Sowohl SAP als auch Tableau bieten die Business Intelligence Lösungen auch als Cloud Variante an, jedoch werden im Rahmen dieser Arbeit und als Abgrenzung ausschließlich die „On-Premise" Lösungen betrachtet. SAP Lumira, welche als Komponente des SAP BusinessObjects Business Intelligence Portfolios angeboten wird, bietet die Möglichkeit, aussagekräftige Datenvisualisierungen zu erstellen, um Risiken besser zu bewerten, die Effizienz zu optimieren und wichtige Erkenntnisse und Geschäftschancen zu erkennen. [vgl. SAP18b] Tableau bietet ein Business Intelligence Anwendungssystem mit dem Schwerpunkt Datenvisualisierung und Reporting an. Dabei sollen durch wenige Schritte intuitiv interaktive Dashboards erstellt werden, welche durch Visualisierung Muster erkennen lassen. [vgl. Tableau18] Die folgenden Unterkapitel beschreiben die Business Intelligence Anwendungssysteme SAP Lumira und Tableau tiefergehend und skizzieren die Systemarchitektur als Gesamtbild der Herstellerlösungen.

3.2.1 SAP Lumira

SAP Lumira wurde im Jahr 2017 durch die SAP auf den Business Intelligence Markt gebracht. Das Unernehmen hatte die Vision, ein eigenständiges Business Intelligence Anwendungssystem zur Verfügung zu stellen, welches mehr Self-Serivce Business Intelligence bietet. Dabei lag der Fokus auf der Unabhängigkeit des Fachbereiches von der IT. SAP Lumira gehört zur SAP BusinessObjects Business Intelligence Produktpalette und deckt den Bereich „Discovery und Analyse" ab.

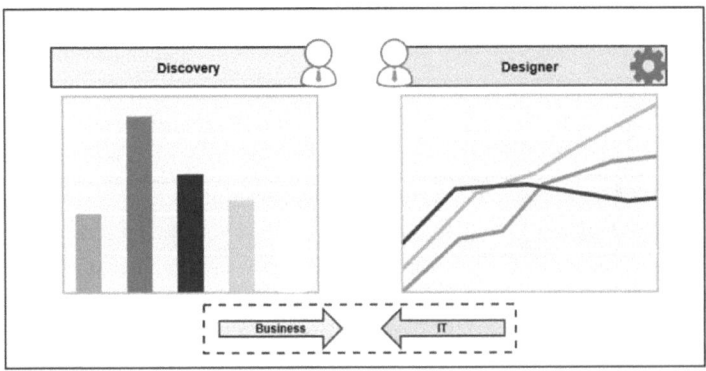

Abb. 11: modifiziert durch Verf. SAP Lumira System als Übersicht
Quelle: [vgl. Lau18, S. 68.]

SAP Lumira besteht aus zwei unterschiedlichen Anwendungen: SAP Lumira Discovery und SAP Lumira Designer (siehe Abbildung 11). SAP Lumira Discovery ist eine Anwendung, welche sich für den Fachanwender als Self-Service Anwendung eignet. Der Designer „SAP Lumira Designer" wird ausschließlich genutzt, um Applikationen auf Basis von JavaScript zu entwickeln, welche im Webbrowser oder auf mobilen Endgeräten abgerufen werden können. Beide Anwendungen haben die Möglichkeit, ein serverseitiges Add-on zu nutzen. Dies ermöglicht weitere Funktionalitäten wie z.B. das Zugreifen auf zusätzliche Datenschnittstellen, die Gewährung von Sicherheitsstandards auf Daten- und Benutzerebene sowie die zentrale Speicherung von erstellten Applikationen und Dashboards innerhalb einer zentralen Serverplattform.

Mit SAP Lumira Discovery steht Fachanwendern eine Business Intelligence Anwendung zur Verfügung, welche es ermöglicht, unterschiedliche und zugleich mehrere Datenquellen zu nutzen, um somit die Qualität und die Aussagekraft von Berichten sowie Dashboards zu erhöhen. Zusätzlich soll der Fachanwender dazu befähigt werden, Daten einfach und selbständig zu visualisieren. Erstanwender haben einen geringen Einarbeitungs- sowie Schulungsaufwand, da die Bedienung intuitiv ist. Die SAP Business Intelligence Plattform bietet weitere Funktionalitäten, wie z.b. die zeitgesteuerte Verarbeitung bzw. Verteilung von Visualisierungsberichten innerhalb der Organisation oder das Speichern in unterschiedlichen Formaten wie z.b. PDF oder Excel an. Der SAP Lumira Designer stellt eine Erweiterung der SAP Lumira Discovery Anwendung dar. Dabei werden mittels JavaScript Applikationen mit interaktiven Komponenten entwickelt. SAP Lumira Designer bietet die Nutzung von Standardkomponenten an, die durch Cascading Style Sheets (CSS) im Erscheinungsbild angepasst werden können. Weiterhin bietet SAP Lumira Designer die Möglichkeit der Nutzung einer Planungsfunktion, welche interaktiv mit dem eigenen SAP Business Warehouse System arbeitet. Dabei werden Daten aus dem Quellsystem gelesen, zurückgeschrieben, geplant und visualisiert. Wie auch mit SAP Lumira Discovery ist es möglich, die SAP Business Intelligence Plattform zu nutzen. Dabei können die entwickelten SAP Lumira Anwendungen innerhalb der Organisation mittels Webbrowser oder per Excel sowie PDF via E-Mail verteilt werden. Darüber hinaus ermöglicht es die Software, statische Anwendungsberichte in unterschiedlichen Formaten wie z.B. PDF zu speichern. [vgl. Lau18, S. 74.] Die folgende Architekturskizze (Abbildung 12) zeigt eine klassische Business Intelligence Systemabbildung mittels SAP Lumira Designer und SAP Lumira Discovery im Verbund zur SAP Business Intelligence Plattform und den darunterliegenden Datenbanken als vollständige Lösung.

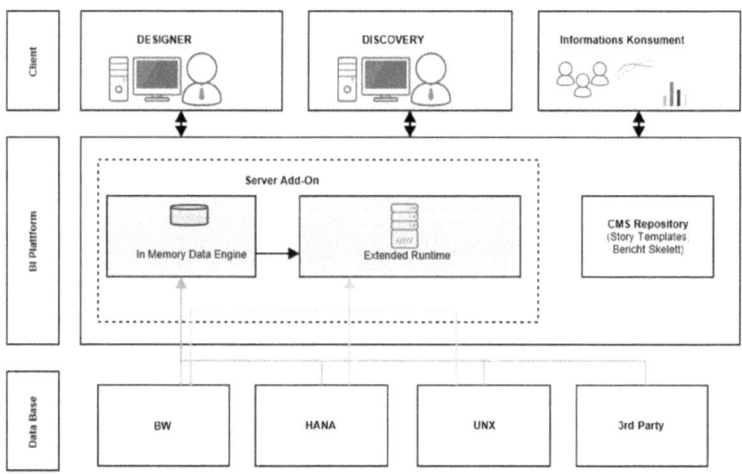

Abb. 12: modifiziert durch Verf. klassische Architekturskizze von SAP Lumira
Quelle: [vgl. Lau18, S. 76.]

Die Gesamtarchitektur lässt sich in die drei Teilberieche „Datenbanken", „BI Plattform" und „Client" untergliedern. Als Basis ist eine SAP Business Intelligence Plattform vorgegeben, die als zentrale Verwaltungsebene für Datenverbindungen, Benutzer und Berechtigungen dient. Datenbanken werden zentral an die BI Plattform angebunden. Innerhalb der BI Plattform wird eine In-Memory Funktion bereitgestellt, welche die SAP Lumira Anwendungen befähigt, Daten schneller abzurufen und zu analysieren. Dabei soll es möglich sein, die SAP Lumira Anwendungen „SAP Lumira Discover" und „SAP Lumira Designer" als eigenständige installierbare Anwendung auf lokalen oder virtualisierten Computersystemen zu installieren. Die einzelnen Visualisierungsberichte können im Web-Browser konsumiert werden. [vgl. Lau18, S. 75.]

3.2.1.1 Systemtechnische Voraussetzungen für SAP Lumira Discovery

Im Rahmen dieser Arbeit wird SAP Lumira Discovery mit der Version 2.2. genutzt. SAP Lumira Discovery wird als eigenständige Anwendungslösung auf einer virtuellen Windows Umgebung installiert. Damit ein stabiler Betrieb gewährleistet ist, werden die Empfehlungen und Mindestvoraussetzungen des Herstellers angewendet. Im Folgenden ist ein Architekturkonzept für SAP Lumira Discovery skizziert (Abbildung 13).

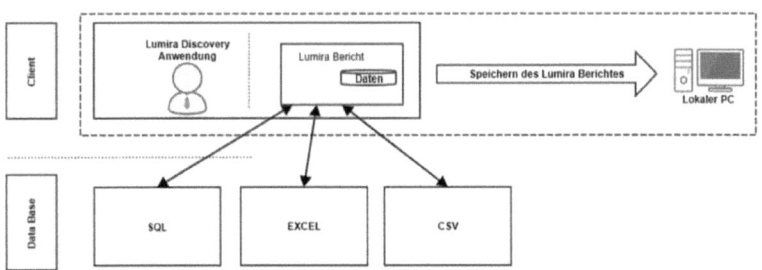

Abb. 13: modifiziert durch Verf. Architekturkonzept für SAP Lumira Discovery
Quelle: [vgl. Lau18, S. 70.]

Die Installation und Nutzung von SAP Lumira Discovery findet ausschließlich auf einer eigenständigen Umgebung statt. Mit dem Datenimport besteht die Möglichkeit, Daten aus unterschiedlichen Quellen zu akquirieren. Die ausgewählten Daten werden in den Arbeitsspeicher des lokalen Computers geladen und können dann mit SAP Lumira Discovery genutzt werden. SAP Lumira Berichte besitzen die Dateiendung *lumx. In der *lumx Datei finden sich alle nötigen Metadaten für den SAP Lumira

Bericht wieder. Standardmäßig wird die Speicherung im folgenden Verzeichnis vorgenommen: \Benutzer\Dokumente\SAPLumira Dokumente\. [vgl. Lau18, S. 68 f.]

Mindestvoraussetzung für den Server für SAP Lumira Discovery:

- Microsoft Windows 7 oder neuer (64bit)
- Microsoft Server 2008 R2 oder höher
- Microsoft Internet Explorer 11 oder neuer
- CPU Einheiten
- GB Arbeitsspeicher (RAM)
- 1 GB Festplattenspeicher [vgl. SAP18a, S. 7 f.]

3.2.2 Tableau

Tableau bietet seit 2003 eine Self-Service Business Intelligence Anwendung an, welche sich auf den Business Intelligence und Big-Data Bereich spezialisiert hat. Dabei soll der Anwender intuitiv die lokalen Daten auswerten und in lokalen Arbeitsmappen auf dem Computer speichern können. Zusätzlich ist es möglich, Verbindungen zu weiteren Datenquellen oder dem Tableau Server herzustellen. Der Tableau Server ist eine Serverplattform, welche zur Analyse von Daten genutzt werden kann. Dieser wird in Verbindung mit Tableau Desktop eingesetzt, um Dashboards und Visualisierungen unternehmensweit bereitzustellen. Mittlerweile hat Tableau die Produktpalette um Tableau Prep erweitert. Diese Anwendung ermöglicht den Anwendungsbereich der Datenvorbereitung mittels einfachem Formatieren wie dem Zusammenführen und Bereinigen von Daten. Erstellte Tableau Berichte können mit dem Tableau Reader, einer kostenlosen Desktop-Applikation, durch die Fachanwender verwendet werden. Mit Tableau Desktop soll der Fachanwender intuitiv Daten visualisieren können. Der Fokus liegt auf der Gewinnung schnell umsetzbarer geschäftsunterstützender Ergebnisse. [vgl. Lot18, S. 25.] Die folgende Architekturskizze stellt den Einsatz der einzelnen Anwendungen von Tableau Desktop / Prep und Tableau Server im Gesamtbild dar.

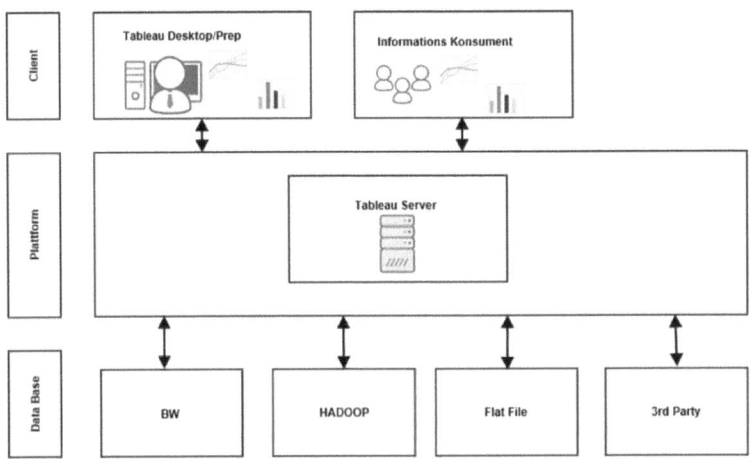

Abb. 14: Eigene Darstellung der Architekturskizze für Tableau
Quelle: [Eigene Darstellung.]

Auch hier lässt sich die Gesamtarchitektur in drei Teilbereiche untergliedern. Tableau Desktop als Client kann eigenständig oder in Kombination mit Tableau Prep genutzt werden. Dabei soll der Fachanwender mehrere Datenquellen gleichzeitig anbinden und eine Datenvorbereitung für die Datenvisualisierung nutzen können. Tableau Server dient als Plattform und bietet im Systemverbund die zentrale Verwaltung der Datenverbindungen, Benutzer und Berechtigungen an. Mit Tableau Server ist es möglich, eine Verteilung der Visualisierungsberichte innerhalb einer Organisation vorzunehmen. Dabei werden die Tableau Berichte über einen Webbrowser zur Verfügung gestellt. Der Tableau Reader ist ein lokaler Client, mit welchem Fachanwender die Möglichkeit erhalten, einzelne Visualisierungsberichte von Tableau zu konsumieren.

3.2.2.1 Systemtechnische Voraussetzungen für Tableau Desktop

Die Version 2018.3 von Tableau Desktop wird für die Installation genutzt. Damit auch bei Tableau Desktop ein stabiler Betrieb gewährleistet ist, werden die Systemvoraussetzungen und Mindestanforderungen des Herstellers angewendet.

3 Konzeption und Methode

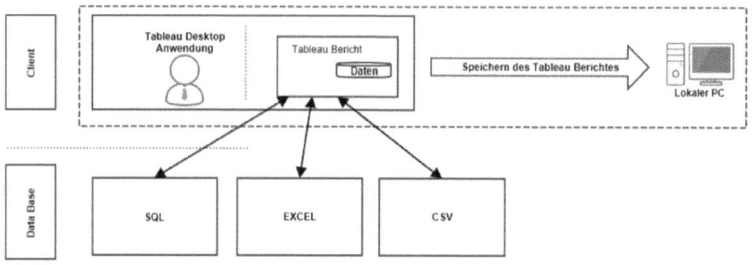

Abb. 15: Eigene Darstellung Architekturkonzept für Tableau Desktop
Quelle: [Eigene Darstellung.]

Die Installation findet auf einer eigenständigen Serverumgebung statt. Der Datenimport ist in der Anwendung selbst definierbar. Die Daten werden auch hier in den Arbeitsspeicher geladen und können dann mit Tableau Desktop bearbeitet werden. Die erstellten Tableau Berichte werden lokal als Arbeitsmappe (*.twb) oder Arbeitsmappenpaket (*twbx) auf der Betriebssystemebene gespeichert. Die Tableau Arbeitsmappe enthält alle Visualisierungen sowie Metadaten und Datenquellen des Berichtes. Es werden keine Daten in der Arbeitsmappe gespeichert. Das Arbeitsmappenpaket wiederum enthält alle Visualisierungen sowie Metadaten, Datenquellen und die Daten des Berichtes selbst. [vgl. Lot18, S. 43.]

Mindestvoraussetzung für den Server für Tableau Desktop:

- Microsoft Windows 7 oder neuer (64 bit)
- Microsoft Server 2008 R2 oder höher
- CPU Einheiten
- 2 GB Arbeitsspeicher
- Mindestens 1,5 GB freier Festplattenspeicher [vgl. Lot18, S. 27.]

3.3 Qualitative Vorgehensweise

Der qualitative Vergleich der Business Intelligence Systeme erfolgt anhand der abgeleiteten und erarbeiteten Kriterien aus Kapitel 3.2. Die Kriterien werden nach dem IFIP-Modell nach Dzida, 1983 in drei Gruppen (Werkzeugschnittstelle / Funktionalität, Ein- und Ausgabeschnittstelle, Dialogschnittstelle) kategorisiert. Für den Vergleich werden beide Business Intelligence Systeme nach den systemtechnischen Voraussetzungen konzeptioniert und in einer virtuellen computergestützten Umgebung implementiert. Es erfolgt die Untersuchung und Bewertung der Business Intelligence Systeme anhand der einzelnen Kriterien. In diesem Kapitel wird die Auswahl des

Evaluationsverfahrens erörtert und die Nutzwertanalyse basierend auf dem erweiterten Kriterienkatalog aus Kapitel 3.2 beschrieben. Zudem wird die Nutzwertanalyse um ein Bewertungsmaßstab ergänzt.

3.3.1 Evaluationsverfahren

Um Vergleiche von Systemen vorzunehmen, werden in der Theorie drei Evaluationsverfahren definiert. Zum besseren Verständnis und zur Begründung der Verfahrensauswahl werden im Folgenden das theorieorientierte, das aufgabenorientierte und das benutzerorientierte Evaluationsverfahren kurz vorgestellt. Aufgrund des begrenzten Umfanges und der zeitlichen Einschränkung dieser wissenschaftlichen Arbeit wird zur Evaluation lediglich das theorieorientierte Verfahren herangezogen.

Das theorieorientierte Verfahren bedient sich an den theoretisch abgeleiteten Prinzipen und Regeln, welche einen klar definierten Einsatzbereich beschreiben. Dabei ist es möglich, die Benutzungsschnittstellen am realisierten System zu überprüfen und zu bewerten. Das theorieorientierte Verfahren wird meist eingesetzt, um die Einhaltung von Mindeststandards festzustellen. Das aufgabenorientierte Verfahren bedient sich an benutzerbezogenen Aufgaben, welche am System selbst zu erledigen sind. Sie werden durch Aufgabenbeschreibungen an den Benutzer übertragen und durchgeführt. Hier werden aufgabenorientierte Verfahren wie die GOMS-Modellierung (Goals, Operators, Methods, Selection Rules) oder einem Design Review, welches mit einem Entwickler des Systems zusammen durchzuführen ist, umgesetzt. Beim benutzerorientierten Verfahren werden die Benutzer in die Untersuchung mit einbezogen. Dabei werden unter anderem Umfragen, Beobachtungen sowie Lautes Denken (Thinking Aloud) als gängige Vorgehensweisen genutzt, um eine hohe Aussagekraft der Ergebnisse zu erzielen. [vgl. Her09, S. 207 ff.]

Eine benutzerbezogene Beteiligung an der Untersuchung ist im Rahmen dieser Arbeit nicht vorgesehen, da eine zusätzliche Systeminfrastruktur für die Untersuchungen gegeben sein muss und zusätzlich eine Erarbeitung von Fragebögen mit den zu erörternden Items zu bestimmen wäre. Der zeitliche Aufwand für die Erarbeitung der Fragebögen und deren Items sowie der Erschließung einer Systeminfrastruktur ist im Rahmen dieser Arbeit nicht abbildbar. Da sich das aufgabenorientierte Verfahren an benutzerbezogenen Aufgaben orientiert, wird im Rahmen dieser Arbeit auf das theorieorientierte Verfahren für den qualitativen Vergleich zurückgegriffen.

3.3.2 Nutzwertanalyse und Bewertungsmaßstab

Für den qualitativen Vergleich wird für die Bewertung eine klassische Nutzwertanalyse herangezogen. Anhand dieser werden die erarbeiteten Kriterien in den vorhandenen Kategorien (Werkzeugschnittstelle / Funktionalität, Ein- und Ausgabeschnittstelle und Dialogschnittstelle) bewertet und anschließend ausgewertet. Die Gewichtung der einzelnen Kriterien erfolgt nach einer Präferenzmatrix. Mittels eigener Einschätzung der Relevanz und Bedeutsamkeit der einzelnen Kriterien erfolgt die Bewertung zeilenweise. Für die Berechnung der Gewichtung wird in der Präferenzmatrix die Summe der Bewertungspunkte aller Kriterien gebildet und in Relation zu der prozentualen Gewichtung von 100% gesetzt. Durch diese Vorgehensweise kann eine individuelle Gewichtung für jedes Kriterium in Prozent erhalten werden. Im Weiteren werden die Präferenzen der Kriterien zur Bildung der Gewichtung dargestellt.

Werkezugschnittstelle / Funktionalität

Kriterium	Nr.	1	2	3	4	5	6	7	8	Punkte	Gewichtung
Datenbankschnittstelle	1		1	1	1	1	1	1	1	7	25,0
Datenaufbereitung	2			2	2	2	2	2	2	6	21,4
Bericht und Dashboard Erstellung	3				3	3	3	3	3	5	17,9
Anbindung an zentrale Serverplattform	4					4	4	7	4	3	10,7
Einfachheit der Installationsroutine	5						5	7	8	1	3,6
Hardware und Softwareanforderung	6							7	6	1	3,6
Mehrsprachigkeit	7								8	3	10,7
Nutzung einer Testversion möglich	8									2	7,1
									Total		100,0

Tab. 1: Gewichtungsberechnung für Kriterien der Werkzeugschnittstelle/Funktionalität
Quelle: [Eigene Darstellung.]

Ein- und Ausgabeschnittstelle

Kriterium	Nr.	1	2	3	Punkte	Gewichtung
Visualisierungsformen	1		1	1	2	50,0
Berichtsdarstellung	2			2	1	25,0
Grafische Oberfläche (Interface)	3				1	25,0
				Total		100,0

Tab. 2: Gewichtungsberechnung für Kriterien der Ein- und Ausgabeschnittstellen
Quelle: [Eigene Darstellung.]

Dialogschnittstelle

Kriterium	Nr.	1	2	3	Punkte	Gewichtung
Erlernbarkeit (Tutorials, Handbücher, Support)	1	1	3	1		25,0
Export von Berichten und Dashboards	2		2	1		25,0
Eingebettete Hilfe	3		3	2		50,0
				Total		100,0

Tab. 3: Gewichtungsberechnung für Kriterien der Dialogschnittstelle
Quelle: [Eigene Darstellung.]

Die Bewertung der einzelnen Kriterien erfolgt in geraden Zahlen. Dabei wird eine Skala von 0 bis 3 gewählt, die sich wie folgt definiert: 0=nicht enthalten, 1=teils enthalten, 2=enthält die Definition, 3=besitzt mehr als die Definition. Für die Bewertungsrechnung des einzelnen Kriteriums wird die Erfüllung von 0 bis 3 auf der Punkteskala bewertet und mit dem individuellen Gewichtungsfaktor multipliziert, das Ergebnis wird summiert und gibt einen Gesamtwert wieder. Der errechnete Gesamtwert kann somit verglichen werden. Anschließend werden die Ergebnisse der Kategorien zusammengeführt und visualisiert. Im Folgenden werden die einzelnen Kriterien und die jeweilige Definition, welche für eine Bewertung von 2 Punkten benötigt wird, angeführt.

Definition für die Kriterien der Werkzeugschnittstelle / Funktionalität
Datenbankschnittstelle
<ul><li>JDBC</li><li>ODBC</li><li>Flat Files (CSV)</li><li>Excel</li></ul>
Datenaufbereitung
<ul><li>Joins</li><li>Filtern</li></ul>
Bericht- und Dashboard Erstellung
<ul><li>Mit maximal zehn Mausklicks (Inhalt: zwei Achsen Diagramm mit einer Dimension und Kennzahl)</li><li>Erstellung einer Geschichte (Zusammenfassen der einzelnen Berichte oder Dashboards)</li></ul>
Anbindung an zentrale Serverplattform
<ul><li>Soll vorhanden sein</li></ul>

Einfachheit der Installationsroutine
• Mit maximal zehn Mausklicks (Durchführung der Installation)
• Installation unter Windows (Windows 7, Windows 8, Windows 10)
Hardware- und Softwareanforderung (CPU, RAM, OS)
• Einfach zugänglich (Ohne Registrierung)
Mehrsprachigkeit
• Englisch • Französisch • Spanisch • Chinesisch • Russisch • Portugiesisch • Deutsch • Hindi
Nutzung einer Testversion möglich
• Mindestens vier Wochen (28 Tage)

Tab. 4: Definition für die Kriterien der Werkzeugschnittstelle / Funktionalität

Definition für die Kriterien der Ein- und Ausgabeschnittstelle
Visualisierungsformen
• für Vergleiche (Balken-, Säulendiagramm, Kreuztabelle und Heatmap) • für Prozentangaben (Kreis-, Ringdiagramm) • für Korrelationen (Streudiagramm, Netzwerkdiagramm) • für Trends (Linien-, Kombiniertes Säulen- und Liniendiagramm, Boxplot, Wasserfalldiagramm) • für Landkarten (Geomaps)
Berichtsdarstellung
• Webbrowser (Chrome, Internet Explorer, Firefox) • Individuell anpassbar auch für mobile Endgeräte
Grafische Oberfläche (Interface)
• Ein Hauptmenü mit allen Funktionalitäten • Kein überladenes Interface • Kein Schulungsaufwand oder die Nutzung von Tutorials notwendig • Einheitliche und einfache Farbauswahl der grafischen Oberfläche

Tab. 5: Definition für die Kriterien der Ein- und Ausgabeschnittstelle

Definition für die Kriterien der Dialogschnittstelle
Erlernbarkeit (Tutorials, Handbücher, Support)
<ul><li>Kostenfreie Tutorials</li><li>Kostenfreie Handbücher</li><li>Jederzeit die Möglichkeit Supportanfragen zu stellen</li></ul>
Export von Berichten und Dashboards
<ul><li>PDF</li><li>Excel</li><li>Grafiken</li></ul>
Eingebettete Hilfe
<ul><li>In die Anwendung integrierte Hilfe, welche ohne Internetzugriff genutzt werden kann</li></ul>

Tab. 6: Definition für die Kriterien der Dialogschnittstelle

4 Qualitativer Vergleich der Business Intelligence Systeme

In diesem Kapitel wird der qualitative Vergleich der Business Intelligence Systeme mittels der abgeleiteten Kriterien aus Kapitel 3.2 durchgeführt. Der qualitative Vergleich wird durch den Autor selbst durchgeführt. Am Ende des Kapitels werden die Ergebnisse dargestellt und basierend auf der Nutzwertanalyse visualisiert. Innerhalb der Unterkapitel erfolgt eine Sortierung der Prüfkriterien. Als Datengrundlage wird eine Excel Datei (sample-superstore) [Ope18] genutzt, wobei diese Datei frei zugänglich und nutzbar sowie für die Prüfung bestimmter Einzelkriterien im Rahmen des qualitativen Vergleiches ausreichend ist.

4.1 Werkzeugschnittstelle / Funktionalität

Mittels der erarbeiteten Prüfkriterien für die Werkzeugschnittstelle / Funktionalität werden in diesem Unterkapitel die Business Intelligence Systeme SAP Lumira Discovery und Tableau Desktop untersucht.

4.1.1 SAP Lumira Discovery

1. Datenbankschnittstelle

Mit dem Starten der SAP Lumira Discovery Anwendung öffnet sich die Benutzeroberfläche, wobei der Anwender im oberen rechten Bereich einen Überblick über alle nutzbaren Datenquellen erhält: die SAP spezifischen Datenquellen SAP BW, SAP HANA, SAP Universen sowie Microsoft Excel, SQL-Abfragen und den Punkt „Mehr Anzeigen". Mit dem Klick auf „Mehr Anzeigen" werden alle weiteren möglichen nutzbaren Datenquellen in Kacheln dargestellt. Unter anderem können aus der Zwischenablage Text kopiert sowie CSV Dateien importiert werden. Im Menüpunkt „Einstellungen" unter „SQL-Treiber" werden weitere Treiber „JDBC", „ODBC" und „JCO" zur möglichen Installation angeboten. Außerdem bietet SAP Lumira Discovery mehrere Erweiterungsmodule zu den Datenquellen, welche käuflich erworben werden können. Der Datenimport wird mit einem Klick gestartet, dabei öffnet sich ein Windows Fenster, in welchem die Quelldatei auswählt werden kann.

2. Datenaufbereitung

Nachdem die Quelldatei ausgewählt wurde, erhält der Anwender ein Übersichtsinterface, in welchem der Name des Datensets, der Dateipfad der Quelldatei, das Arbeitsblatt, der Tabellenkopftyp sowie alle Spalten mit Inhalt dargestellt werden. Weiterhin besteht die Möglichkeit, die Anzahl der Spalten sowie Zeilen wiederzugeben. Das Transformieren der Daten ist hier noch nicht möglich, die Daten können jedoch visualisiert werden. Durch den Klick auf „Weiter", werden die Daten visualisiert und dadurch ein neues Übersichtsinterface geladen, in dem weitere Bearbeitungen möglich sind. Innerhalb des neuen Interfaces im Menü findet sich ein Bereich „Daten". Unter dem Punkt „Daten" ist es für den Anwender möglich, nachträglich die bestehenden Datenquellen zu bearbeiten, eine neue Datenquelle anzulegen, Datenquellen zusammenzuführen (Left-Outer-Join oder Inner-Join), diese aus den Datenquellen anzuhängen (Union) und zu aktualisieren. Zusätzlich werden im Interface folgende Funktionen angeboten, um die Daten aufzubereiten: das Anlegen neuer Dimensionen und Kennzahlen, eine Datenzusammenführung sowie die Möglichkeit, Daten zu filtern. Des Weiteren ist es möglich, zwischen einer Datensicht (spalten- und zeilenbasierte Ansicht) und einer Design-Sicht (Visualisierungsansicht) zu wechseln.

3. Bericht- und Dashboard Erstellung

Nach dem Datenimport kann sofort ein Bericht oder Dashboard erstellt werden. Auf der linken Seite des Übersichtsinterface werden die Kennzahlen und Dimensionen innerhalb des Datensets (Datenquelle) angezeigt. Diese sind einzeln nutzbar und können mittels eines Ziehens und Ablegens in das Visualisierungspanel gebracht werden. Als Visualisierungsfunktionen stehen unterschiedliche Diagramme zur Verfügung. Zusätzlich kann der Bericht oder das Dashboard auch mit Design- sowie Steuerelementen ausgestattet werden. Eine Vorschau des Berichtes oder Dashboards während der Bearbeitung ist darüber hinaus möglich. Zudem kann eine Geschichte (Story) mittels mehrerer Berichte oder Dashboards erstellt werden. Einzelne Berichte oder Dashboards werden in Reihe gestellt und zuletzt als eine Datei zusammengefasst. Die Erstellung eines Berichts mit einem zwei Achsen Diagramm, welches eine Dimension und Kennzahl enthält, ist mit sieben Mausklicks möglich.

4. Anbindung an zentrale Serverplattform

SAP Lumira Discovery bietet die Möglichkeit, sich mit Serverplattformen zu verbinden. Dabei bieten die Serverplattformen (SAP BusinessObjects Plattform 4.2, SAP Business Warehouse 7.x) die Vertraulichkeit der Datenquellen und weitere Funktionalitäten an, welche im Kapitel 3.2.1 genannt wurden.

5. Einfachheit der Installationsroutine

Die Installationsdatei hat eine Größe von 656MB und kann auf Windows Betriebssystemen installiert und betrieben werden. Es wird laut SAP empfohlen, SAP Lumira Discovery auf Windows Server (2008 R2 x64, Server 2012, Server 2012 R2, Server 2016) sowie Windows Desktop (Windows 7, Windows 8, Windows 10) zu installieren. Linux

Systeme werden nicht unterstützt. Die Installationsroutine lässt sich durch das Klicken auf die Installationsdatei starten, welche sich in dem dritten Unterordner (SAP_LUMIRA_DISCOVERY_22_SP00P1) befindet. Es öffnet sich ein Installationsmanager, der durch die Installation führt. Dabei wird die Installation in fünf Schritten („Eigenschaften festlegen", „Lizenzvereinbarung", „Bereit zur Installation", „Software installieren", „Installation abschließen") durchgeführt und abgeschlossen. Die Installation ist mit neun Mausklicks auf einem Windows Betriebssystem durchgeführt worden.

6. Hardware- und Softwareanforderung

Über den Link http://help.sap.com mit dem Sucheintrag „Lumira" ist es möglich, die bestehenden Hardware- und Softwareanforderungen (CPU, RAM, OS) an SAP Lumira Discovery nachzuvollziehen. Registrierte Partner erhalten darüber hinaus Zugang zu dem Administrations Handbuch, in welchem die Hardware- und Softwareanforderungen aufgelistet sind. In dem Dokument (Product Availability Matrix) werden alle weiteren zusätzlichen Informationen zu den Hardware- und Softwareanforderungen sowie Schnittstellen dargestellt. Eine kombinierte Nutzung der Dokumente wird durch die SAP empfohlen.

7. Mehrsprachigkeit

Innerhalb des Menüs von SAP Lumira Discovery im Bereich „Einstellungen" im Unterpunkt „Allgemein", findet sich die Möglichkeit der Sprachauswahl. Zurzeit werden mehr als 16 Sprachen, darunter die meistverbreiteten wie Englisch, Spanisch, Französisch, Chinesisch, Russisch, Portugiesisch, Hindi, Deutsch und viele weitere mit der Installation angeboten.

8. Nutzung einer Testversion möglich

SAP bietet die Möglichkeit der Nutzung einer Testversion für 30 Tage an. Unter https://info.sapdigital.com/Lumira-try-Now-30-days.html kann der Download von SAP Lumira Discovery mit der Angabe einer E-Mail Adresse und des Herkunftslandes erfolgen. Nach Ablauf der 30 Tage wird eine weitere Lizenz abgefragt.

4.1.2 Tableau Desktop

1. Datenbankschnittstelle

In Tableau Desktop werden mehrere Schnittstellen zu Datenquellen angeboten, bereits im Willkommensinterface wird dem Anwender eine Auflistung unterschiedlicher Verbindungsmöglichkeiten, die sich nach Serververbindung (Tableau Server,

Microsoft SQL Server, MySQL, Oracle, Amazon Redshift, JDBC, ODBC etc.) und Dateianbindung (Microsoft Excel, Textdatei, JSON, Microsoft Access, PDF-Datei) unterscheiden, angeboten. Über den Menü Punkt „Datei öffnen" kann die Datenquelle in einem Windows Fenster ausgewählt werden.

2. Datenaufbereitung

Nach dem Öffnen der Datei erhält der Anwender ein Benutzerinterface, in welchem der Name der Datenquelle sowie die Verbindungsart angezeigt werden. Unterhalb der Verbindungsdetails werden die Arbeitsblätter aus Excel mit Namen angezeigt. Zusätzlich wird ein Dateninterpreter zum Aktivieren angeboten. Der Dateninterpreter soll eine Bereinigung der Daten ermöglichen, welches jedoch einem manuellen Vorgehen zur Prüfung bedarf. Die Angabe der einzelnen Arbeitsblätter aus Excel können mittels Ziehen und Ablegen mit der Maus im rechten Arbeitspanel in eine Relation gebracht werden. Dabei bietet Tableau die Nutzung von Verknüpfungsmöglichkeiten über einen Inner Join (Innen Verknüpfung), Left Join (Links-Verknüpfung), Right Join (Rechts-Verknüpfung) oder Full Outer Join (vollständig äußere Verknüpfung) an. Dabei wird der Join automatisch gesetzt, welcher bei Bedarf mit einem Klick geändert werden kann. Darüber hinaus ist das Arbeiten mit einzelnen Arbeitsblättern möglich. Weiterhin wird dem Anwender eine Datenvorschau angezeigt. In diesem Benutzerinterface ist es zusätzlich möglich, Daten zu filtern, Spalten umzubenennen, Spalten auszublenden, weitere Spalten hinzuzufügen, berechnete Spalten zu ergänzen und Spalten zusammenzuführen sowie Pivot anzuwenden.

3. Bericht- und Dashboard Erstellung

Nachdem die Datenanbindung und Vorbereitung durchgeführt wurden, erhält der Benutzer unten links ein Menü, in dem man mit einem Klick zwischen der Datenquelle und den zu erstellenden Berichten sowie Dashboards wechseln kann. In dem Entwicklungsinterface, in welchem man Berichte und Dashboards erstellen kann, erhält man auf der rechten Seite die Datensicht auf die Dimensionen und Kennzahlen. Mittig im Benutzerinterface befindet sich eine Spalte, in der der Benutzer Funktionalitäten wie Filter, Markierungen und Diagramme zur Verfügung hat. Rechts mittig findet sich das Visualisierungspanel, in dem der angefertigte Bericht oder das Dashboard bearbeitet und angezeigt wird. Im oberen Bereich wird eine Menüleiste angezeigt, aus der der Anwender weitere Funktionen auswählen kann. Der Anwender hat zudem die Möglichkeit, mittels Ziehen und Ablegen der Dimension und Kennzahlen zu arbeiten. Weiterhin ist eine detaillierte Aufarbeitung (Farbeinstellungen, Größe, Beschriftung und die Anwendung von analytischen Komponenten) möglich. Zudem bietet Tableau

Desktop auch die Möglichkeit, mehrere Berichte und Dashboards zu einer Geschichte (Story) zusammenzuführen. Ein Bericht mit einem zwei Achsen Diagramm, welches eine Dimension und Kennzahl enthält, wurde mit genau 10 Mausklicks erstellt.

4. Anbindung an zentrale Serverplattform

Mit der Anwendung Tableau Server ist es möglich, Tableau Desktop an eine zentrale Serverplattform anzubinden. Erstellte Berichte und Dashboards können somit zentral zur Verfügung gestellt werden, dabei wird über die Serverplattform mittels Berechtigung der Zugriff auf die Berichte oder Dashboards definiert. Weiterhin bietet Tableau Server Benutzern die zentrale Verwaltung der Datenverbindungen sowie die Verteilung der Berichte und Dashboards an. Über den Menüpunkt „Server" ist das Anmelden des Tableau Desktop Systems am Tableau Server möglich.

5. Einfachheit der Installationsroutine

Die Installationsdatei von Tableau Desktop hat eine Größe von 366MB und ist mit einem Klick direkt ausführbar. Das Installationssetup in Tableau führt über das Bestätigen der Geschäftsbedingungen und Lizenzbedingungen sowie dem Eingeben des Lizenzschlüssels und der Benutzerdaten (Vorname, Nachname, E-Mail-Adresse und Organisation) zur fertigen Installation. Mit der Beendigung der Installation wird sofort im Anschluss das Tableau Desktop Interface gestartet. Die Installation ist mit zwölf Mausklicks auf einem Windows Betriebssystem durchgeführt worden.

6. Hardware- und Softwareanforderung

Tableau bietet unter der Adresse https://www.tableau.com/products/techspecs alle benötigten Informationen zu Hardware- und Softwareanforderung ohne Registrierung an. Dabei werden die minimalen Systemvoraussetzungen, die Standard Empfehlungen sowie Empfehlungen für hoch performante Systemvoraussetzungen detailliert wiedergegeben. Der Betrieb von Tableau Desktop ist unter Windows (Windows Server 12 R2 oder neuer, Windows 7 oder neuer) und Mac (OSX 10.11 oder neuer) möglich.

7. Mehrsprachigkeit

Im Menüpunkt „Hilfe", unter „Sprache auswählen", kann der Benutzer aus acht Sprachen wählen. Darunter befinden sich unter anderem die meistverbreiteten Sprachen wie Englisch, Spanisch, Französisch, Deutsch, Portugiesisch oder Chinesisch als Sprachauswahl.

8. Nutzung einer Testversion möglich

Die Nutzung einer Testversion für Tableau Desktop wird für 14 Tage angeboten. Unter https://www.tableau.com/products/trial kann Tableau Desktop unter Angabe der E-Mail Adresse direkt heruntergeladen werden. Eine kostenlose über ein Jahr gültige vollumfängliche Nutzungslizenz kann über die Registrierung als Student erhalten werden.

4.2 Ein- und Ausgabeschnittstelle

Anhand der zuvor erarbeiteten Prüfkriterien für die Ein- und Ausgabeschnittstelle werden in diesem Kapitel die Business Intelligence Systeme SAP Lumira Discovery und Tableau Desktop untersucht.

4.2.1 SAP Lumira Discovery

1. Visualisierungsformen

Im Erstellungsmodus für Berichte oder Dashboards bietet SAP Lumira Discovery mehrere Visualisierungsformen an. Der Anwender hat die Wahl aus 30 Standarddiagrammarten (Spalte, Balken, Linie, Kreis, Kreuztabelle, Landkarte, Heatmap, Numerisches Diagramm). Aufbauend auf diesen kann der Anwender weitere Diagramme für individuelle Analysearten (Vergleiche, Prozentangabe, Korrelationen, Trends) anwenden. Im Designmodus hat der Anwender die Möglichkeit, den Bericht oder das Dashboard grafisch individuell zu gestalten, indem ein Titel mit einer eigenen Schriftart sowie Größe eingefügt oder die Hintergrundfarbe nach den eigenen Bedürfnissen angepasst werden können. Daneben ist die Verwendung eigener oder vorgegebene Bilder, Symbole und Formen sowie die Anpassung von Diagrammen möglich. Zudem ist die Einbindung von Steuerelementen möglich, welche die Ergebnisdarstellung beeinflussen können.

2. Berichtsdarstellung

Die Berichtsdarstellung hängt im Wesentlichen vom Inhalt des Berichtes oder Dashboards ab, wobei der Anwender hier seinen Anwendungsfall individuell beschreiben und Einfluss auf die Berichtsdarstellung nehmen kann. Mit SAP Lumira Discovery erhält der Benutzer die Möglichkeit, jedes einzelne Objekt (Diagramm, Steuerelement, Textelement, etc.) innerhalb des Erstellungsmodus individuell anzupassen (Höhe, Breite, Farbe, Ausrichtungsposition des Objektes). Die Diagramme sind jedoch bereits nach einem Standard farblich visualisiert. In einer Vorschau kann sich der Anwender den fertigen Bericht oder das Dashboard aus der Konsumentenperspektive anzeigen lassen. Der einzelne Bericht oder das Dashboard können auch in der Darstellungsgröße durch den Benutzer verändert werden. Standardmäßig werden Größenverhältnisse von (4:3, 16:9, 7:3) angeboten, die Darstellungsgröße kann jedoch ebenso mittels Pixel Angabe individualisiert werden. Der Konsument kann den Bericht oder das Dashboard interaktiv im Webbrowser (Internet Explorer, Google Chrome, Firefox) über die Serverplattform aufrufen.

3. Grafische Oberfläche (Interface)

Auf der Startseite von SAP Lumira Discovery lässt sich die grafische Oberfläche (Interface) wie folgt aufteilen: im oberen linken Bereich findet sich das Menü („Startseite", „Datei", „Bearbeiten", „Daten", „Hilfe", „Einstellungen", „Erweiterungen", „Beenden"), mittig oberhalb lassen sich die Datenquellenzuordnungen definieren, kürzlich verwendete Datenquellen anzeigen sowie Updates zu SAP Lumira Discovery einsehen. Zusätzlich findet der Anwender zwei Bereiche, die den Zugriff auf lokale Dokumente zulassen oder die Verbindung zur zentralen Server Plattform befähigen. Im unteren Bereich werden Beispieldokumente oder die zuletzt genutzten Dokumente in Kachelform angezeigt. Mit einem Klick auf das zuletzt angezeigte Dokument wird der Anwender direkt in den Erstellungsmodus gebracht. Dort kann der Anwender auf alle Funktionalitäten zur Bearbeitung des Berichtes oder Dashboards zugreifen und diese verwenden. Im Erstellungsmodus wird zusätzlich eine Funktionalitätsleiste angezeigt, in welcher sämtliche Bearbeitungsfunktionalitäten wie z.B. das Speichern, die Dateiansicht sowie die Vorschau dargestellt werden. Darüber hinaus ist hier die Erstellung einer oder mehrerer Geschichten (Story) möglich, wobei eine Geschichte mehrere einzelne erstellte Berichte oder Dashboards beinhaltet. Zudem kann der Anwender individuell die Breite und Höhe des Arbeitsflächenpanels bestimmen. Eine weitere Funktionalität von SAP Lumira Discovery ist die Nutzung eines Kontextmenüs (rechte Mausklick auf ein Objekt). Die Dimensionen und Kennzahlen werden dem Anwender durch unterschiedliche Farben und Symbolen dargestellt.

4.2.2 Tableau Desktop

1. Visualisierungsformen

Tableau Desktop bietet im Erstellungsmodus mehr als 20 verschiedene Visualisierungsformen für Vergleiche, für Prozentangaben sowie Landkarten an, welche mit analytischen Funktionen (konstante Linie, Mittelwertlinie, Trendlinie, Cluster, Boxplot, etc.) erweitert genutzt werden können. Dem Anwender werden unterschiedliche Diagramme standardmäßig zur Verfügung gestellt. Dabei spricht Tableau

Desktop dem Anwender automatisch eine Empfehlung aus, welche Diagrammart auf Basis der Spalten- und Zeilendaten im vorliegenden Fall optimal wäre. Mittels dem „Kontextmenü" (rechte Maustaste) innerhalb des Arbeitsflächenbereiches, hat der Anwender die Möglichkeit, den Titel sowie Inhalte individuell zu formatieren, wobei der Anwender über zusätzliche Fenster die Formatierung durchführen muss.

2. Berichtsdarstellung

Die Darstellung des Berichtes ist auch hier abhängig vom Anwendungsfall und dem Inhalt, welcher visualisiert werden soll. Der Anwender gestaltet individuell und nach Anforderungen den Bericht oder das Dashboard. Der Anwender kann in Tableau Desktop zwischen einem Bericht, einem Dashboard und einer Geschichte unterscheiden. Dabei kann ein Dashboard mehrere Berichte beinhalten, eine Geschichte kann sowohl mehrere Berichte und Dashboards beinhalten. Die Anzeige der Berichte oder Dashboards ist durch den Anwender konfigurierbar, der zwischen Gerätetypen unterschieden (Standard, Desktops, Tablets, Smartphones) und somit die Anzeige des Berichtes oder Dashboards individuell anpassen kann. Alle Objektinhalte, welche sich innerhalb eines Berichtes oder Dashboards befinden, kann der Anwender in der Darstellung individuell formatieren. Die Verwendung der Berichte oder Dashboards ist mit Tableau Desktop oder Tableau Viewer möglich, für die Ansicht im Webbrowser von Tableau Berichten oder Dashboards wird die Serverplattform benötigt.

3. Grafische Oberfläche (Interface)

Die grafische Oberfläche (Interface) der Startseite von Tableau Desktop teilt sich in vier Bereiche auf. Das Anbinden der Datenquellen befindet sich links, mittig platziert hat der Anwender die Möglichkeit, erstellte Arbeitsmappen direkt zu öffnen. Auf der rechten Seite befindet sich der Bereich, wo sich der Anwender über Schulungen sowie andere Tableau Anwendungen informieren kann. Oberhalb befindet sich eine Zeile, in welcher das Start Menü („Datei", „Daten", „Server", „Hilfe") dargestellt wird. Über ein Tableau Symbol hat der Anwender die Möglichkeit, direkt in den Erstellungsmodus zu wechseln. In diesem ist die Anbindung der Datenquellen möglich, um Dimensionen und Kennzahlen zur Verfügung zu haben. Dem Anwender werden innerhalb des Erstellungsmodus zusätzliche Menüpunkte („Datei", „Daten", „Arbeitsblatt", „Dashboard", „Story", „Analyse", „Karte", „Formatieren", „Server", „Fenster", „Hilfe") angezeigt. Hinzukommend werden weitere Funktionalitäten („Speichern", „Neue Datenquellen anbinden", „Neues Arbeitsblatt erstellen", „Präsentationsmodus") sowie Formatierungsmöglichkeiten angeboten. Im Arbeitsflächenbereich kann der Anwender individuell eine spalten- und zeilenbasierte Zuordnung definieren (durch Ziehen und

Ablegen der Dimensionen und Kennzahlen). Weiterhin wird die Filterung von Daten angezeigt und der Anwender erhält die Möglichkeit, Markierungen (Farbe, Größe, Text, Detailinformationen) mittels der Dimensionen und Kennzahlen zu definieren, welche für ihn im Arbeitsflächenbereich aktiv einsehbar sind. Die Dimensionen und Kennzahlen werden in Tableau Desktop in unterschiedlichen Farben und Symbolen dargestellt. Nach Auswahl der Dimensionen und Kennzahlen erhält der Anwender die Möglichkeit, die Visualisierungsdarstellung individuell anzupassen.

4.3 Dialogschnittstelle

Mittels den erarbeiteten Prüfkriterien für die Dialogschnittstelle werden in diesem Kapitel die Business Intelligence Systeme SAP Lumira Discovery und Tableau Desktop untersucht.

4.3.1 SAP Lumira Discovery

1. Erlernbarkeit (Tutorials, Handbücher, Support)

SAP Lumira Discovery bietet mittels einer Hilfe über das Hauptmenü den Zugriff auf https://help.sap.com. Dort lässt sich ein Benutzerhandbuch finden, in welchem unterschiedliche Hilfestellungen zur Anwendungen (Einstieg in SAP Lumira Discovery, Benutzeroberfläche von SAP Lumira Discovery und vieles mehr) gegeben werden. Das Benutzerhandbuch ist frei zugänglich und steht auch als PDF zum Download zur Verfügung. Weiterhin bietet das Hauptmenü unter dem Punkt „Hilfe" die Nutzung von Support, wobei der Anwender hier auf die Webseite https://www.support.sap.com weitergeleitet wird. Für den Zugriff benötigt der Anwender einen sogenannten S-User, um Zugriff auf die Supportwebseite der SAP zu erhalten. Der S-User ist eine personalisierte Anwender-ID, welche für den Zugriff auf SAP Inhalte benötigt wird. Innerhalb dieser Supportwebseite ist es möglich, nach Fragestellungen zu suchen. Diese müssen durch den Anwender selbst formuliert in einer Suchmaske eingegeben werden. Ist die Suche innerhalb des Supportportals für den Anwender erfolglos, kann ein Ticket innerhalb dieses Supportportals geöffnet werden, um die Frage an die Entwickler direkt zu stellen. Hinzukommend werden unter https://saplumira.com/learn/ Tutorials im Videoformat angeboten, wobei die Videos einzelne Funktionalitäten von SAP Lumira Discovery aufzeigen. Darüber hinaus werden Tutorials angeboten, welche die Erstellung von Geschichten erklären. Für SAP Lumira Discovery bietet SAP keine Standard Schulungen an.

2. Export von Berichten und Dashboards

Die Berichte oder Dashboards, welche mit SAP Lumira Discovery entwickelt wurden, sind als PDF exportierbar. Nach dem vorgegebenen Standard werden die Berichte oder Dashboards auf dem lokalen Betriebssystem als Datei abgelegt. Durch das Selektieren einzelner Diagramme innerhalb des Berichtes oder Dashboards ist es möglich, die vorgefilterten Daten in CSV oder Excel Format zu extrahieren. Diese stellen jedoch nur einen Teilbereich des Berichts oder Dashboards dar.

3. Eingebettete Hilfe

SAP Lumira Discovery bietet lediglich eine Weiterleitung auf die http://help.sap.com Webseite an. Es wird keine eingebettete Hilfe in Form einer Dokumentation, welche auch ohne Internetzugang nutzbar ist, angeboten.

4.3.2 Tableau Desktop

1. Erlernbarkeit (Tutorials, Handbücher, Support)

In der Hauptmenüleiste unter dem Punkt „Hilfe" bietet Tableau Desktop Schulungsvideos an. Der Anwender wird dann auf die Tableau Learning Webseite weitergeleitet. Dort kann der Anwender zwischen unterschiedlichen Tutorials im Videoformat auswählen und die Anwendung besser kennenlernen. Für die Nutzung der Tutorials ist es notwendig, sich bei Tableau.com anzumelden bzw. zu registrieren. Zudem bietet Tableau zusätzlich ein Forum an, in welchem sich Tableau Anwender austauschen können. Das Angebot zu Präsenzschulungen ist vielfältig, dabei werden mehrere Schulungen in unterschiedlichen Niveaubereichen zu Tableau Desktop angeboten (Grundlagen, Mittelstufe, Intensivkurse, Fortgeschrittene). Benötigt der Anwender Unterstützung durch den Tableau Support, kann im Hauptmenü unter „Hilfe" „Support kontaktieren" ausgewählt werden, dort wird der Anwender auf die Supportwebseite von Tableau weitergeleitet. Der Anwender kann auf der Supportwebseite eine Frage in einer Suchmaske eingeben, wonach das System gezielt Antworten zur formulierten Fragestellung sucht. Dem Anwender wird im Anschluss eine Übersicht von Einträgen, die sich auf Handbücher oder Wissensartikel aus der Tableau Community beziehen, vorgeschlagen. Wird keine passende Lösung präsentiert, so besteht die Möglichkeit, ein Support-Ticket bei Tableau zu erstellen und somit direkten Kontakt mit dem Entwicklungsteam aufzunehmen.

2. Export von Berichten und Dashboards

Die Berichte oder Dashboards können lokal als <name>.twb oder <name>.twbx Datei sowie in PDF exportiert werden. Neben den Möglichkeiten des direkten

"Ausdruckens" bietet Tableau Desktop in der Kategorie Hauptmenü „Arbeitsblatt" weitere Features, wie dem Exportieren von Bildern als <name>.png (Portable Network Graphics), Daten als <name>.mdb (Microsoft Access Datenbank) und Kreuztabellen in Excel Format.

3. Eingebettete Hilfe

Tableau Desktop bietet lediglich eine Weiterleitung auf die https://www.tableau.com/de-de/support?build=20183.18.1018.1932&edition=pro&lang=dede&platform=windows&version=2018.3 Webseite an. Es wird keine eingebettete Hilfe in Form einer Dokumentation, welche auch ohne Internetzugang nutzbar ist, angeboten.

4.4 Bewertung und Ergebnisse

Ausgehend von der theoretischen Evaluation sowie der Nutzwertanalyse im vorangegangenen Kapitel, werden nachfolgend die theoretischen Ergebnisse bewertet. Die Punktevergabe für die Bewertung orientiert sich an der angeführten Bewertungsskala und dem Bewertungsmaßstab aus Kapitel 3.3.2. Die Bewertung wird in den Kategorien des IFIP Modells angeführt sowie in tabellarischer Form dargestellt. Zudem erfolgt abschließend eine Gegenüberstellung der Ergebnisse

4.4.1 Werkzeugschnittstelle / Funktionalität

1. Datenbankschnittstelle

Die Datenbankschnittstelle stellt das wichtigste Kriterium dar. Die Business Intelligence Systeme müssen dem Anwender Schnittstellen zu Datenbanken anbieten, wobei der Anwender die Daten in das Business Intelligence System importieren und nutzen kann. SAP Lumira Discovery und Tableau Desktop bieten die Nutzung von Excel, Flat Files und SQL sowie weiteren JDBC und ODBC Schnittstellen an. Zusätzlich wird mit SAP Lumira Discovery das Angebot um SAP-eigene Schnittstellen (SAP BW, SAP HANA, SAP Universen) erweitert. Dagegen liefert Tableau auch zusätzliche Schnittstellen wie JSON, Oracle, Amazon Redshift, PDF.

2. Datenaufbereitung

Das zweitwichtigste Kriterium ist die Datenaufbereitung, welche durch den Anwender durchgeführt werden kann. Dabei bieten SAP Lumira Discovery und Tableau Desktop die gleichen Funktionalitäten. Das Verbinden von Daten durch Joins sowie das Filtern von Daten ist in beiden Systemen möglich. Jedoch lässt sich in Tableau

Desktop eine zusätzliche Funktionalität finden, welche das Bereinigen der Daten (Data Interpreter) vereinfachen soll. Dabei werden Dateninhalte, welche nicht relevant für eine Auswertung sind, in der weiteren Bearbeitung vernachlässigt.

3. Bericht- und Dashboard Erstellung

Mit diesem Kriterium war die Vorgabe, dass ein einfacher Bericht als ein zwei Achsen Diagramm mit einer Dimension und Kennzahl mit maximal zehn Mausklicks erstellt werden soll. Der Bericht, welcher mit SAP Lumira Discovery erstellt wird, benötigt mit dem Start des Business Intelligence Systems bis zum fertigen Bericht sieben Mausklicks. Tableau Desktop benötigt hingegen zehn Mausklicks bis zum fertigen Bericht. Weiterhin ist es möglich, mit SAP Lumira Discovery und Tableau Desktop Berichte oder Dashboards zu einer Geschichte zusammenzufassen.

4. Anbindung an zentrale Serverplattform

Beide Business Intelligence Systeme bieten eine Anbindung an eine zentrale Serverplattform an. Tableau Desktop verbindet sich mit dem Tableau Server über einen Webzugriff. SAP Lumira Discovery kann sich mit der SAP BusinessObjects Plattform sowie dem SAP Business Warehouse verbinden.

5. Einfachheit der Installationsroutine

SAP Lumira Discovery sowie Tableau Desktop lassen sich unter Windows Betriebssystemen installieren. Die Installationsroutine sollte mit maximal zehn Mausklicks durchgeführt werden können. Die Durchführung der Installation mit SAP Lumira Discovery benötigte neun Mausklicks. Die Installation mit Tableau Desktop benötigt zwölf Mausklicks.

6. Hardware- und Softwareanforderung

Der Zugriff auf Informationen zu Hardware- und Softwareanforderungen der Business Intelligence Systeme ist sowohl bei SAP Lumira Discovery als auch bei Tableau Desktop einfach gestaltet. Man benötigt dafür keine Registrierung. Für SAP Lumira Discovery ist es sogar möglich, weitere Dokumente (Benutzerhandbücher etc.) frei zugänglich zu erhalten. Allerdings wird für bestimmte SAP Dokumentationen ein S-User benötigt, der eine Registrierung voraussetzt.

7. Mehrsprachigkeit

Tableau Desktop liefert mit der Installation acht Sprachen, darunter Englisch, Französisch, Spanisch, Deutsch, Portugiesisch und Chinesisch. Demgegenüber liefert SAP Lumira Discovery mehr als 16 Sprachen in unterschiedlichen Versionen, unter anderem Englisch, Französisch, Spanisch, Chinesisch, Russisch, Portugiesisch, Deutsch, Hindi und viele mehr.

8. Nutzung einer Testversion

Um ein Business Intelligence System ausgiebig zu prüfen, benötigt der Anwender Zeit. Für das Kriterium sind vier Wochen (28 Tage) mindestens vorgesehen. Tableau Desktop bietet eine 14 Tage Testversion an, wohingegen SAP Lumira Discovery eine 30 Tage Testversion anbietet.

9. Bewertung

Die folgende Tabelle 7 zeigt für SAP Lumira Discovery und Tableau Desktop die Bewertung und das Summenergebnis der Kriterien an. Zudem wird in der Abbildung 16 die Punkteverteilung der Kriterien in einem Netzdiagramm dargestellt.

	Werkzeugschnittstelle / Funktionalität		SAP Lumira Discovery		Tableau Desktop	
Nr.	Kriterium	Gewichtung	Erfüllung	E*G	Erfüllung	E*G
1	Datenbankschnittstelle	25,0	3	75	3	75
2	Datenaufbereitung	21,4	2	43	3	64
3	Bericht und Dashboard Erstellung	17,9	3	54	2	36
4	Anbindung an zentrale Serverplattform	10,7	3	32	2	21
5	Einfachheit der Installationsroutine	3,6	3	11	1	4
6	Hardware und Softwareanforderung	3,6	2	7	3	11
7	Mehrsprachigkeit	10,7	3	32	1	11
8	Nutzung einer Testversion möglich	7,1	3	21	1	7
	Total	100,0		275		229
	Platzierung			**1**		**2**

Tab. 7: Bewertungsmatrix der Werkzeugschnittstelle / Funktionalität
Quelle: [Eigene Darstellung.]

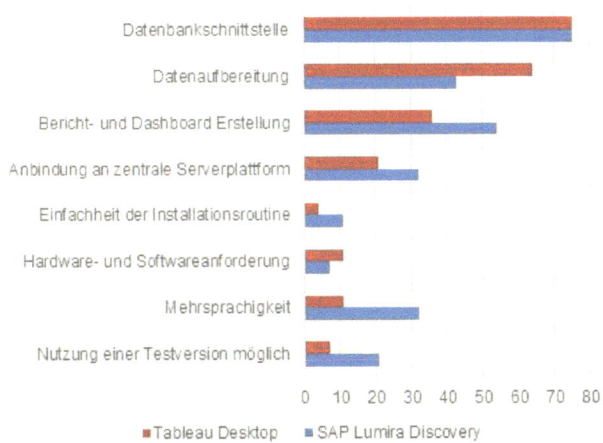

Abb. 16: Werkezugschnittstelle / Funktionalität – Balkendiagramm
Quelle: [Eigene Darstellung.]

4.4.2 Ein- und Ausgabeschnittstelle

1. Visualisierungsform

Für Business Intelligence Systeme, welche für Self-Service und Data Discovery genutzt werden, sind Visualisierungen für den Anwender bedeutsam. Sowohl Tableau Desktop als auch SAP Lumira Discovery bieten Visualisierungen für Vergleiche, Prozentangaben, Korrelationen, Trends sowie Landkarten an. Zudem ist es in beiden Systemen möglich, eine individuelle Gestaltung der Diagramme festzulegen.

2. Berichtsdarstellung

Beide Systeme bieten die Möglichkeit der individuellen Anzeige durch Anpassung der Höhe und Breite des Berichtes an. Die nutzbaren Webbrowser (Chrome, Internet Explorer, Firefox) können mit beiden Systemen genutzt werden, benötigen jedoch eine zentrale Serverplattform, welche der Webserver zur Verfügung stellt.

3. Grafische Oberfläche (Interface)

Die grafische Oberfläche bestimmt, wie schnell sich der Anwender im System bewegen kann. Dabei besitzen Tableau Desktop sowie SAP Lumira Discovery ein Hauptmenü mit allen Funktionalitäten sowie eine einfache und einheitliche Farbauswahl der grafischen Oberfläche. SAP Lumira Discovery bietet ein einfaches Interface an, welches nicht mit Funktionen überladen ist. Somit benötigt der Anwender auch keine

Schulung oder Tutorial, um sich zurecht zu finden. Demgegenüber ist das Interface von Tableau Desktop mit Funktionen recht überladen. Der Anwender muss sich erst zurechtfinden, wobei Schulungen oder sogar Tutorials hilfreich wären.

4. Bewertung

Die folgende Tabelle 8 zeigt für SAP Lumira Discovery und Tableau Desktop die Bewertung und das Summenergebnis der Kriterien an. Hinzukommend wird in der Abbildung 17 die Punkteverteilung der Kriterien in einem Netzdiagramm dargestellt.

			SAP Lumira Discovery		Tableau Desktop	
Nr.	Kriterium	Gewichtung	Erfüllung	E*G	Erfüllung	E*G
1	Visualisierungsformen	50,0	3	150	3	150
2	Berichtsdarstellung	25,0	1	25	1	25
3	Grafische Oberfläche (Interface)	25,0	2	50	1	25
	Total	100,0		225		200
	Platzierung			1		2

Tab. 8: Bewertungsmatrix der Ein- und Ausgabeschnittstelle
Quelle: [Eigene Darstellung.]

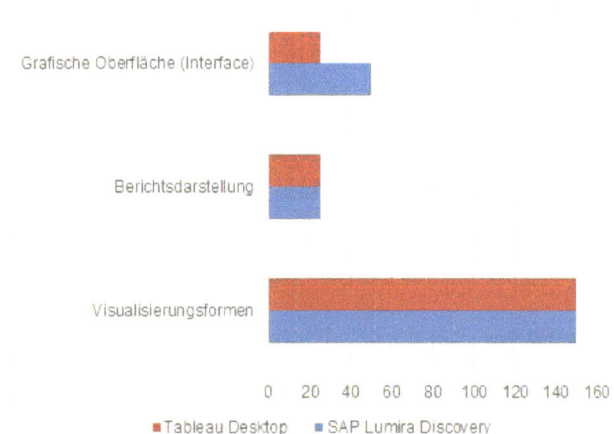

Abb. 17: Ein- und Ausgabeschnittstelle - Balkendiagramm
Quelle: [Eigene Darstellung.]

4.4.3 Dialogschnittstelle

1. Erlernbarkeit (Tutorials, Handbücher, Support)

Das Business Intelligence System soll für den Anwender leicht erlernbar sein. Tableau Desktop und SAP Lumira Discovery bieten analog kostenfreie Tutorials und Handbücher ohne Registrierung an. Zudem ist es möglich, jederzeit Supportanfragen zu stellen, hierfür ist bei den jeweiligen Herstellern eine Registrierung notwendig. Damit sich der Anwender weiterbilden kann, bietet Tableau Desktop zusätzlich Schulungen an.

2. Export von Berichten und Dashboards

Das Exportieren von Berichten und Dashboards stellt eine wichtige Funktion für Anwender von Self-Service und Data Discovery Systemen dar. Der Anwender soll Daten aus dem System in PDF, Excel oder Grafikdateien exportieren können, um diese weiter zu verwenden. SAP Lumira Discovery bietet den Export als PDF und als Excel oder CSV an. Tableau Desktop hingegen bietet den Export als PDF, Grafikdatei (PNG), Excel, ein Microsoft Access Datenbank Extrakt sowie den direkten Ausdruck an.

3. Eingebettete Hilfe

Eine eingebettete Hilfe soll es dem Anwender ermöglichen, ohne Internetzugriff auf ein Handbuch zuzugreifen, welches dem Nutzer Hilfestellungen in der Anwendung des Systems gibt. Beide zu vergleichenden Systeme bieten keine integrierte bzw. ohne Internetzugang abrufbare Hilfe an.

4. Bewertung

Die folgende Tabelle 9 zeigt für SAP Lumira Discovery und Tableau Desktop die Bewertung und das Summenergebnis der Kriterien an. Zusätzlich wird in der Abbildung 18 die Punkteverteilung der Kriterien in einem Netzdiagramm dargestellt.

4 Qualitativer Vergleich der Business Intelligence Systeme

Dialogschnittstelle					
			SAP Lumira Discovery		Tableau Desktop
Nr. Kriterium	Gewichtung	Erfüllung	E*G	Erfüllung	E*G
1 Erlernbarkeit (Tutorials, Handbücher, Support)	25,0	2	50	3	75
2 Export von Berichten und Dashboards	25,0	2	50	3	75
3 Eingebettete Hilfe	50,0	0	0	0	0
Total	100,0		100		150
Platzierung			2		1

Tab. 9: Bewertungsmatrix der Dialogschnittstelle
Quelle: [Eigene Darstellung.]

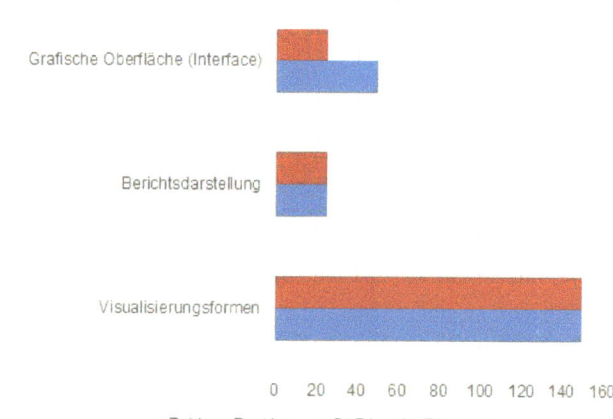

Abb. 18: Dialogschnittstelle – Balkendiagramm
Quelle: [Eigene Darstellung.]

4.4.4 Gegenüberstellung

Im Vergleich beider Business Intelligence Systeme lassen sich die einzelnen Ergebnisse der Kategorien gegenüberstellen. Wie in der Tabelle 10 zu sehen ist, hat SAP Lumira Discovery mit 600 Gesamtpunkten die höhere Bewertung erhalten. Tableau Desktop ist mit 579 Gesamtpunkten bewertet worden. Damit ergibt sich eine Differenz von 21 Punkten, die aufzeigt, wie knapp das Ergebnis des Vergleiches ist. Aus der Gegenüberstellung der Bewertungen geht hervor, dass die Stärken von SAP Lumira Discovery in den Kategorien Werkzeugschnittstelle / Funktionalität sowie der

Ein- und Ausgabeschnittstelle liegen, Tableau Desktop hingegen in der Kategorie Dialogschnittstelle wesentlich überlegen ist und Schwächen in der Werkzeugschnittelle / Funktionalität sowie der Ein- und Ausgabeschnittstelle aufweist. In der Abbildung 19 ist die Punkteverteilung der Kriterien in einem Netzdiagramm dargestellt.

	Gesamtbewertung	
	SAP Lumira Discovery	Tableau Desktop
Nr. Kategorie	Bewertung	Bewertung
1 Werkzeugschnittstelle / Funktionalität	275	229
2 Ein- und Ausgabeschnittstelle	225	200
3 Dialogschnittstelle	100	150
Total	600	579
Platzierung	1	2

Tab. 10: Bewertungsmatrix und Ergebnis SAP Lumira Discovery und Tableau Desktop
Quelle: [Eigene Darstellung.]

Die funktionalen Kriterien der Werkzeugschnittstelle werden von SAP Lumira Discovery in den Bereichen Hardware- und Softwareanforderung und der Datenaufbereitung per definitionem erfüllt. In den anderen Kriterien werden die Erwartungen sogar übertroffen. Insgesamt erreicht SAP Lumira Discovery in dieser Kategorie 275 Gesamtpunkte. Tableau Desktop hingegen kann in dieser Kategorie mit der Datenbankschnittstelle, der Datenaufbereitung sowie der Hardware- und Softwareanforderung punkten. Die Kriterien der Mehrsprachigkeit sowie der Nutzung einer Testversion sind bei Tableau Desktop nur teilweise gegeben und werden dementsprechend mangelhaft bewertet. In den weiteren Kriterien kann Tableau die Anforderung ausreichend erfüllen. Somit erlangt Tableau Desktop in der Kategorie Werkzeugschnittstelle 229 Gesamtpunkte.

4 Qualitativer Vergleich der Business Intelligence Systeme

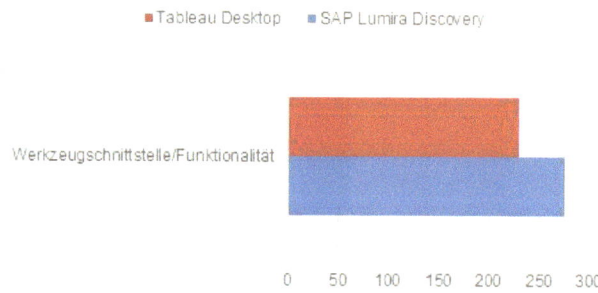

Abb. 19: Vergleich der Werkzeugschnittstelle/Funktionalität
Quelle: [Eigene Darstellung.]

SAP Lumira Discovery und Tableau Desktop können in der Kategorie der Ein- und Ausgabeschnittstelle mit dem Kriterium der Visualisierungsformen die maximale Bewertung erzielen. Beide Business Intelligence Systeme erfüllen bei dem Kriterium der Berichtsdarstellung jedoch nur teilweise die Definition. Dies lässt sich darauf zurückführen, dass erst durch eine Anbindung an eine zentrale Serverplattform zusätzliche Funktionen (Ansicht im Webbrowser) zur Verfügung stehen. Die grafische Oberfläche wirkt bei Tableau Desktop sehr überladen, wodurch sich der Anwender zunächst einen Überblick schaffen muss. Im Gegensatz dazu bekommt der Anwender mit SAP Lumira Discovery eine einfache, nicht überladene Oberfläche sowie eine einheitliche Farbauswahl präsentiert. Dementsprechend wird SAP Lumira Discovery in dieser Kategorie mit 225 Gesamtpunkten und Tableau Desktop mit 200 Gesamtpunkten bewertet.

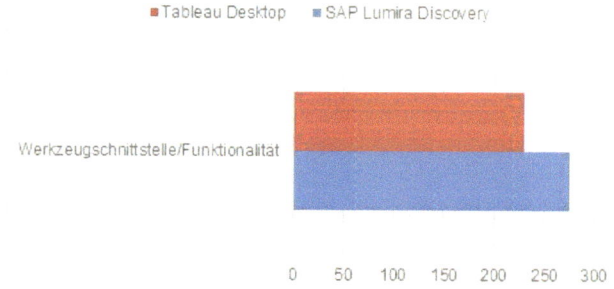

Abb. 20: Vergleich der Ein- und Ausgabeschnittstelle
Quelle: [Eigene Darstellung.]

In der Kategorie der Dialogschnittstelle kann Tableau Desktop mit den Kriterien der Erlernbarkeit (Tutorials, Handbücher, Support) sowie beim Export von Berichten und Dashboards seine Stärken zeigen und erhält die maximale Punktzahl. SAP Lumira Discovery erreicht mit den Kriterien der Erlernbarkeit (Tutorials, Handbücher, Support) und dem Export von Berichten und Dashboards in der Bewertung die Definition. Das letzte Prüfkriterium, „Eingebettete Hilfe", stellt beide Business Intelligence Systeme vor eine Herausforderung und kann nicht erfüllt werden. In Folge dessen wird SAP Lumira Discovery mit 100 Gesamtpunkten und Tableau Desktop mit 150 Gesamtpunkten bewertet.

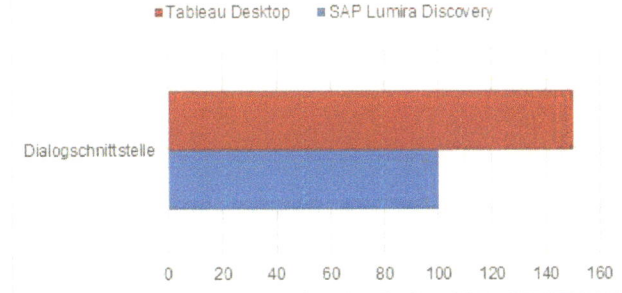

Abb. 21: Vergleich der Dialogschnittstelle
Quelle: [Eigene Darstellung.]

5 Fazit

In der vorliegenden Arbeit wurden SAP Lumira Discovery und Tableau Desktop mittels Softwarequalitätskriterien im Bezug zur Usability verglichen, wobei der Autor aus der ISO Norm 9241-11 und der Software-Ergonomie Kriterien für Self-Service und Data Discovery ableitete. Die Vorgehensmethode zur Evaluierung basiert auf dem theorieorientierten Ansatz kombiniert mit einer Nutzwertanalyse.

Das Ziel dieser Arbeit war es zu untersuchen, ob Normen und Standards für Softwarequalität für einen Vergleich von Business Intelligence Systemen herangezogen werden können. Weiterhin war es zu evaluieren, welche Prüfkriterien sich auf Business Intelligence Systeme für Self-Service und Data Discovery im Kontext zur Usability anwenden lassen. Zudem wurde geprüft und bewertet, welches Business Intelligence System (SAP Lumira Discovery oder Tableau Desktop) die Kriterien im Kontext zur Usability am ehesten erfüllen.

Die Betrachtung der ISO/IEC 25010 und der ISO Norm 9241-11 zeigt auf, dass diese Kriterien sehr allgemein gehalten und somit nicht für spezifische Anwendungsfälle aus dem Business Intelligence Umfeld adaptierbar sind. Bei einer tiefergehenden Analyse konnte festgestellt werden, dass die Software-Ergonomie weitere Prüfkriterien liefert. Allerdings weisen auch diese zusätzlichen Kriterien keine ausreichende Spezifikation auf, um einen Vergleich von Business Intelligence Systemen für Self-Service und Data Discovery durchzuführen. Dennoch bilden die Kriterien der Software-Ergonomie eine Grundlage für eine weiterführende Ableitung und Entwicklung von Kriterien. Aufgrund dessen orientierte sich diese wissenschaftliche Arbeit an dem erweiterten Kriterienkatalog der Software-Ergonomie. Es lässt sich festhalten, dass die Normen und Standards der Softwarequalität (ISO/IEC Norm 25010) und Usability (ISO Norm 9241-11) keine spezifischen Kriterien liefern, welche im Rahmen dieser Arbeit für einen Vergleich von Business Intelligence Systemen in Bezug zu Self-Service und Data Discovery hätten herangezogen werden können. Aus diesem Grund wurden eigene Prüfkriterien durch den Autor bezogen auf den Anwendungsfall abgeleitet und herangezogen.

Die Gewichtungen der Kriterien für den Vergleich der beiden Business Intelligence Systeme SAP Lumira Discovery und Tableau Desktop wurden mittels der Erstellung einer Präferenzmatrix ermittelt. Die Auswertung der Kriterien ergab, dass SAP Lumira Discovery mit einer Gesamtpunktzahl von 600 bewertet wurde und somit am ehesten die geforderten Kriterien erfüllt. Demgegenüber wurde Tableau Desktop mit 579 Punkten bewertet. Der Unterschied der beiden Systeme in der Gesamtpunktzahl von 21 Punkten zeigt, wie geringfügig die Abweichungen in der Gesamtbewertung sind. Mit einem anderen Kriterienkatalog oder nur einer Änderung in der Gewichtung der Kriterien, hätte das Ergebnis anders ausfallen können.

Die Einschränkungen und gewonnenen Erkenntnisse zeigen auf, dass es zwar allgemeingültige Kriterien für Softwarequalität gibt, die jedoch nur bedingt für eine spezifische Evaluierung von Business Intelligence Systemen von Nutzen sind. Die abgeleiteten Kriterien aus dieser Arbeit können für weitere Forschung genutzt werden. Mit Hilfe eines kombinierten Anwendertests oder Fragebogens können weiterführende Erkenntnisse erzielt werden. Es lässt sich festhalten, dass für jede Untersuchung individuelle Kriterien erarbeitet werden sollten, da nicht jedes Kriterium den zu prüfenden Anwendungsfall abdeckt. Die Normen, dienen lediglich als Richtlinie und können vom Anwender als Ausgangslage für Evaluierungen herangezogen werden.

Die Einschränkungen dieser Arbeit beziehen sich auf die erarbeiteten und untersuchten Kriterien, die ausschließlich in Abhängigkeit vom Autor und dem Anwendungsfall ausgelegt wurden. Zudem orientierte sich der Autor in dieser wissenschaftlichen Arbeit an den Normen und Standards aus der Softwarequalität, welche durch die ISO/IEC veröffentlicht sind. Darüber hinaus wurden die Aufarbeitung, die Gewichtung für die Nutzwertanalyse und die Bewertung der Kriterien durch den Autor selbst durchgeführt. Dies kann kritisch betrachtet werden, da die Ergebnisse die subjektive Einschätzung des Autors repräsentieren. Aufgrund der zeitlichen Einschränkung war es im Rahmen dieser Arbeit nicht möglich, eine benutzerbezogene Beteiligung inklusive der Erarbeitung eines Fragebogens sowie die Bereitstellung einer Systeminfrastruktur abzubilden. Durch einen umfangreichen Anwendertest können das Ergebnis sowie die Bewertung der Kriterien differenzierter ausfallen. Eine weitere Limitation dieser Arbeit bezieht sich auf die Wahl der Durchführung nach dem theorieorientierten Verfahren, da diese Evaluation ein unbegrenztes Wissen des Autors erfordert.

Abschließend soll festgehalten werden, dass eine Orientierung an den Normen und Standards in der Softwarequalität unabdingbar sind. Unternehmen, die Software einsetzen und ihre Prozesse digitalisiert anwenden, sind auf einen reibungslosen Ablauf angewiesen. Die Software-Ergonomie ist somit ein wesentlicher Bestandteil des Arbeitsprozesses, anhand dessen die Wirtschaftlichkeit gemessen werden kann. Ein nicht optimaler Prozessablauf in der Anwendung von Software führt außerdem zu weiteren Kosten, die durch erhöhten Schulungsaufwand durch externe Beratung entstehen und somit zu Zeitverlust führen. Zudem ist die Demotivation von Anwendern, welche bei einer suboptimalen Bedienung beispielsweise durch fehlendes Wissen entstehen kann, nicht zu vernachlässigen. Um bereits im Vorfeld den Anwendungsfall richtig definieren und schlussendlich optimal lösen zu können, sollten Machbarkeitsstudien durchgeführt werden. Darüber hinaus wird mit dieser Vorgehensweise sichergestellt, dass die spezifischen Bedürfnisse der Anwender erfüllt sind und diese ihre Aufgaben effizient durchführen können.

Literaturverzeichnis

[Ahs14] Ah-Soon, C., Mazoué, D., & Vezzosi, P.: *Universe Design with BusinessObjects BI* Band 1, Galileo Press Inc., Boston, 2014

[Cone17] conespirit GmbH, Hochschule Heilbronn: *Marktstudie zum Thema BI as a Service*, 2017 https://sesamcloud.de/wp-content/uploads/2017/07/conesprit_Marktstudie_BIaaS.pdf (Abgerufen am 28. 09 2018)

[DGUV] Deutsche Gesetzliche Unfallversicherung e.V.: *DGUV Information 215-450 – Softwareergoomie*, 2016 https://publikationen.dguv.de/dguv/pdf/10002/215-450.pdf (Abgerufen am 27.09.2018)

[Duden] Duden.de: *Übersetzung von Usability* https://www.duden.de/suchen/dudenonline/Usability (Abgerufen am 06.10.2018)

[Dzi83] Dzida, W.: *Das IFIP-Modell für Benutzungsschnittstelle* Office-Management Sonderheft, S.6 - 8, 1983

[Forb18a] Forbes & Microstrategy.: *Worldwide-Intelligence-applications-most-common-organizations*, 2018 https://www.statista.com/statistics/893863/wordlwide-intelligence-applications-most-common-organizations/ (Abgerufen am 20.09.2018)

[Forb18b] Forbes & Microstrategy.: *Worldwide-priorities-evaluating-analytics-vendors*, 2018 https://statista.com/statistics/895253/worldwide-priorities-evaluating-analytics-vendors/ (Abgerufen am 20.09.2018)

[Gar17] Gartner & JPMorgan Chase.: *Global-market-share-held-by-business-analytics-software-vendors*, 2017 https://www.statista.com/statistics/267785/global-market-share-held-by-analytics-software-vendors/ (Abgerufen am 04.10.2018)

[Gol11] Goll, J.: *Methoden und Architekturen der Softwaretechnik* 1.Auflage, Vieweg+Teubner Verlag, Wiesbaden, 2011

[Grü09] Grünwald, M., & Taubner, D.: *Business Intelligence* Informatik-Spektrum, Springer-Verlag, Wiesbaden, 2009

[Her09] Herczeg, H.: *Software-Ergonomie* Band 3, Oldenbourg Wissenschaftsverlag GmbH, München, 2009

[Hoff13] Hoffmann, D.: *Software-Qualität* 2. Auflage, Springer-Verlag, Berlin Heidelberg, 2013

[IEC] International Electrotechnical Commission (IEC): *About* https://www.iec.ch/about (Abgerufen am 30.09.2018)

[ISO] Vereinigung Internationaler Organisation: *About* https://www.iso.org/about-us.html (Abgerufen am 30.09.2018)

[ISO9241a] DIN EN ISO 9241-1: *Ergonomische Anforderungen für Bürotätigkeiten mit Bildschirmgeräten, Algemeine Einführung. Teil1: Allgemeine Einführung*

[ISO9241b] DIN EN ISO 9241-11: *Ergonomie der Mensch-System-Interaktion – Teil 11: Gebrauchstauglichkeit: Begriffe und Konzepte*

[ISO9241c] DIN EN ISO 9241-110: *Ergonomische Anforderungen für Bürotätigkeiten mit Bildschirmgeräten, Teil 10: Grundsätze der Dialoggestaltung.*

[ISO9126] ISO/IEC 9126-1: *Software-Engineering – Qualität von Software Produkten Teil 1: Qualitätsmodell*

[ISO25010] ISO/IEC 25010: *Software-Engineering – Qualitätskriterien und Bewertung von Softwareprodukten [SQuaRE] – Qualitätsmodell und Leitlinien*

[Kem10] Kemper, H.-G., Baars, H., H., & Mehanna, W.: *Business Intelligence – Grundlagen und praktische Anwendungen* 3. Auflage, Vieweg+Teubner Verlag, Wiesbaden, 2010

[Koh15] Kohnke, O.: *Anwenderakzeptanz unternehmensweiter Standardsoftware* Springer Fachmedien, Wiesbaden 2015

[Lau18] Lauer, D., Merkt, S., Anton, H., & Tschimmel, T.: *SAP Lumira* 2. Auflage. Rheinwerk Verlag GmbH, Bonn, 2018

[Lot18] Loth, A.: *Datenvisualisierung mit Tableau* 1. Auflage, mitp Verlags GmbH, 2018

[Lüd14] Lüdemann, L., & Feig, K.: *Vergleich von Softwarelösungen für die Ökobilanzierung – eine softwareergonomische Analyse* Logistics Journal, URN: urn:nbn:de:0009-14-39916, 2014

[SAP18a] Help.sap.com: *SAP Lumira Sizing Guide*, 2018 https://help.sap.com/doc/92a8ce66ef3040d7a0aca7d596dbcb54/2.2.0.0/en-US/lum_22_Sizing_en.pdf (Abgerufen am 23.09.2018)

[Sch14] Schieder, C.: *Methodenentwurf zur Gestaltung der Pricing Intelligence – Ein Methoden-Engineering-Ansatz zur Verbesserung der IT-Unterstützung im Pressemanagement* Verlag Dr. Kovac, Hamburg, 2014

[Sch16] Schieder, C.: *Analytische Informationssysteme – Historische Fragmente einer Integrationsdisziplin – Beitrag zur Konstrukgeschichte der Business Intelligence* 5. Auflage, Gluchwoski & Charmoni (Hrsg), Springer-Verlag, 2016

[Sie18] Siepermann, M.: *Gabler Wirtschaftslexikon – Definition von Business Intelligence*, 2018 https://wirtschaftslexikon.gabler.de/definition/business-intelligence-29438/version-253044 (Abgerufen am 16.09.2018)

[Tableau18] Tableau.com: *Tableau Produktübersicht* https://www.tableau.com/de-de/solutions (Abgerufen am 19.09.2018)

[Woy11] Woywode, M., Mädche, A., Wallach, D., Plach, M.: Abschlussbericht des Forschungsprojekts: *Gebrauchstauglichkeit von Anwendungssoftware als Wettbewerbsfaktor für kleine und mittlere Unternehmen* Institut für Mittelstandsforschung an der Universität Mannheim, Lehrstuhl für Wirtschaftsinformatik IV der Universität Mannheim, Fachhochschule Kaiserslautern, ERGOSIN GmbH, Usability in Germany (Hrsg), 2011 https://www.usability-in-germany.de/kos/WNetz?art=File.download&id=267&name=UIG_Abschlussbericht.pdf (Abgerufen am 15.09.2018)

Anhang A: Bewertung SAP Lumira Discovery

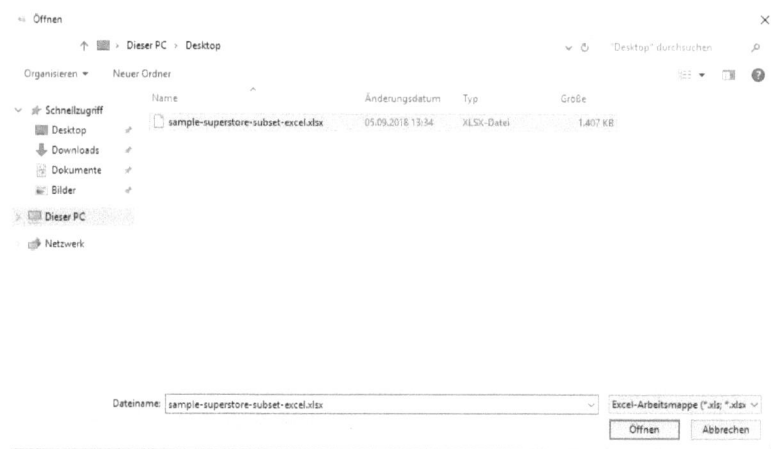

Anlage 1: Datenquelle anbinden über Windows Fenster Lumira
Quelle: [Datenimport SAP Lumira Discovery Anwendung]

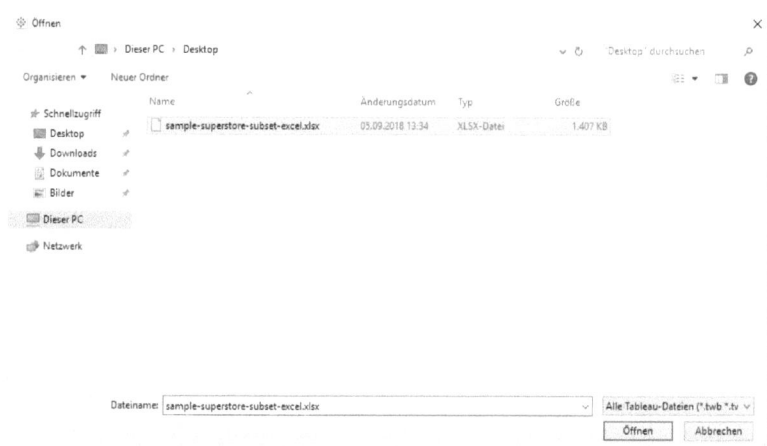

Anlage 2: Datenquelle Anbindung über Windows Fenster Tableau
Quelle: [Datenimport Tableau Desktop Anwendung]

Anhang A: Bewertung SAP Lumira Discovery

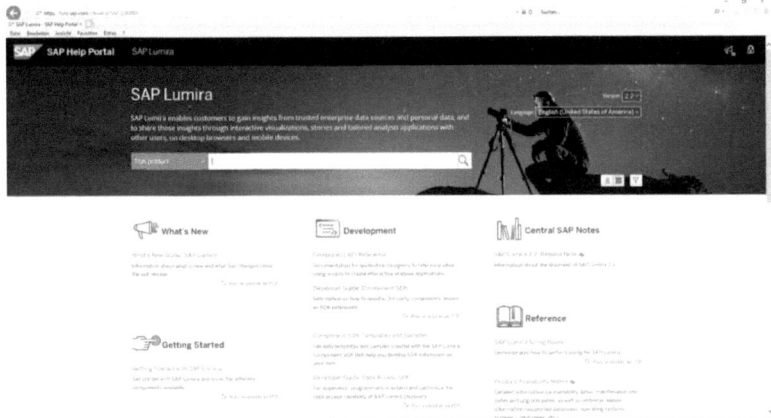

Anlage 3: SAP Lumira Onlinehilfe
Quelle: [https://help.sap.com/viewer/p/SAP_LUMIRA]

Anlage 4: SAP Lumira Testversion Download
Quelle: [https://info.sapdigital.com/Lumira-try-Now-30-days.html]

Anhang A: Bewertung SAP Lumira Discovery

Anlage 5: Anwenderhandbuch SAP Lumira Discovery
Quelle: [https://help.sap.com/]

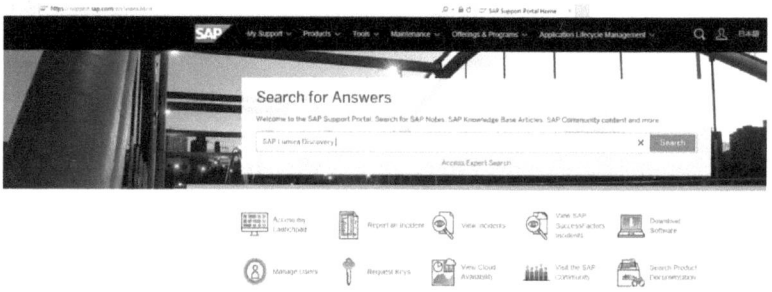

Anlage 6: Support Anfrage bei SAP
Quelle: [https://support.sap.com]

Anhang A: Bewertung SAP Lumira Discovery

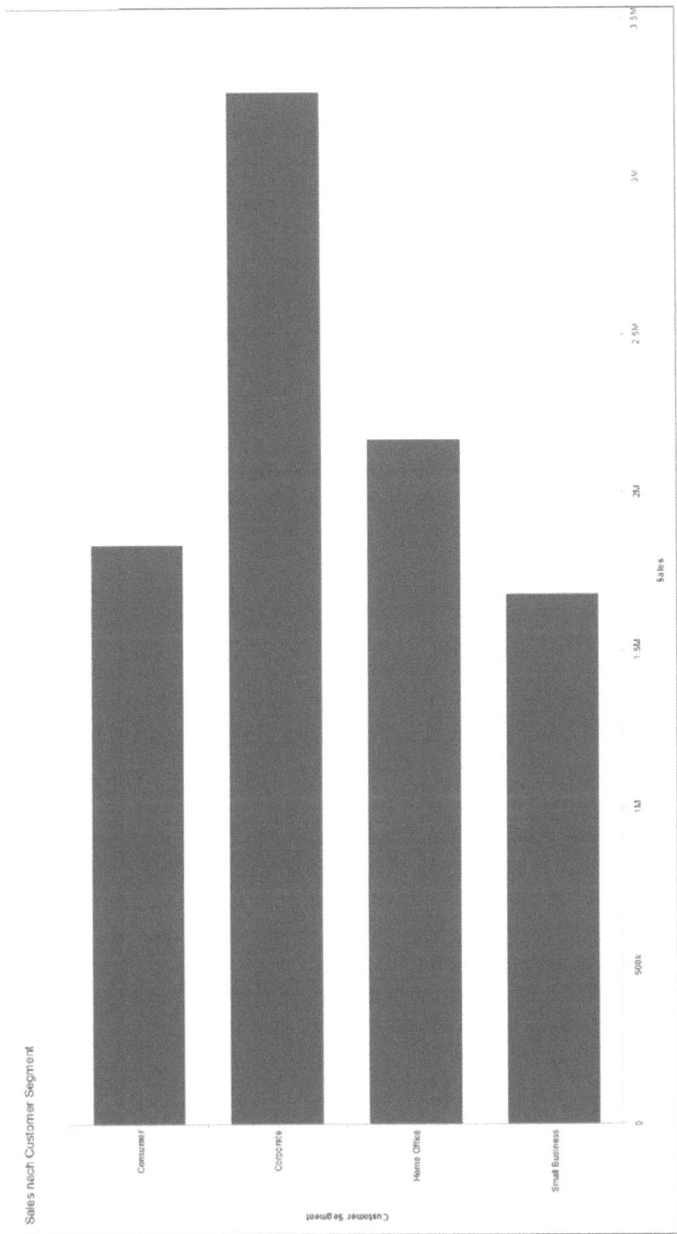

Anlage 7: Berichts und Dashboard Erstellung SAP Lumira Discovery
Quelle: [Eigene Darstellung mit SAP Lumira Discovery]

Anhang B: Bewertung Tableau Desktop

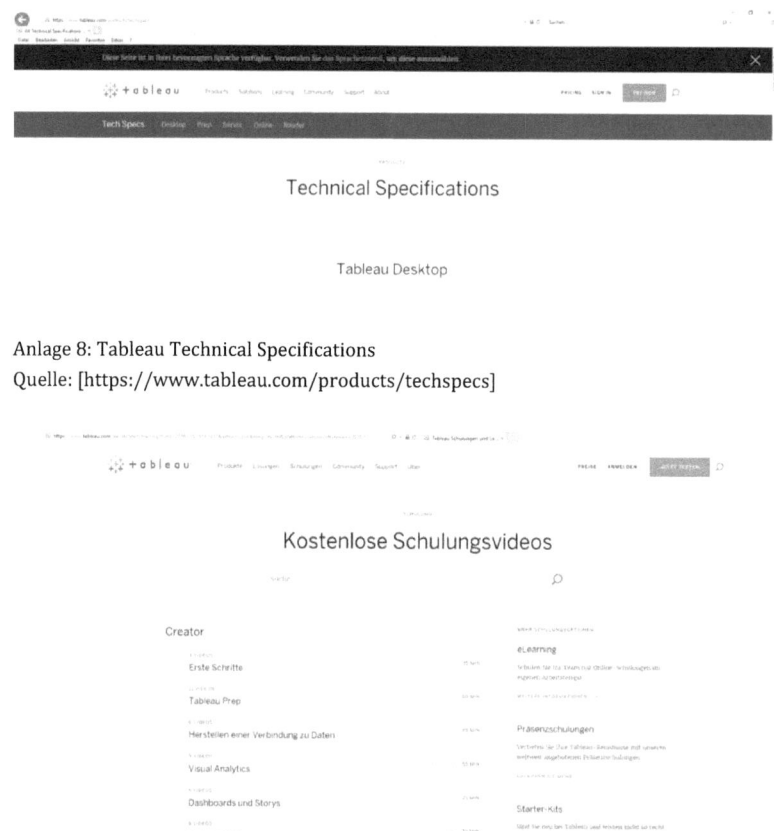

Anlage 8: Tableau Technical Specifications
Quelle: [https://www.tableau.com/products/techspecs]

Anlage 9: Tableau Schulungsvideos
Quelle: [https://www.tableau.com/de-de/learn/training?build=20183.18.1018.1932&edition=pro&lang=de-de&platform=windows&version=2018.3]

Anhang B: Bewertung Tableau Desktop

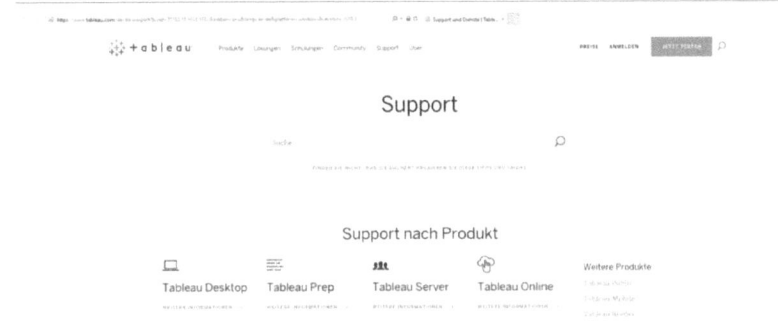

Anlage 10: Tableau Support
Quelle: [https://www.tableau.com/de-de/support?build=20183.18.1018.1932&edition=pro&lang=de-de&platform=windows&version=2018.3]

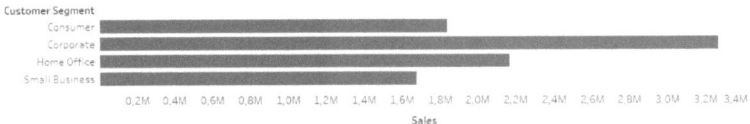

Anlage 11: Berichts und Dashboarderstellung Tableau Desktop
Quelle: [Eigene Darstellung mit Tableau Desktop]

Anhang C: SAP Lumira Discovery Installationsdokumentation

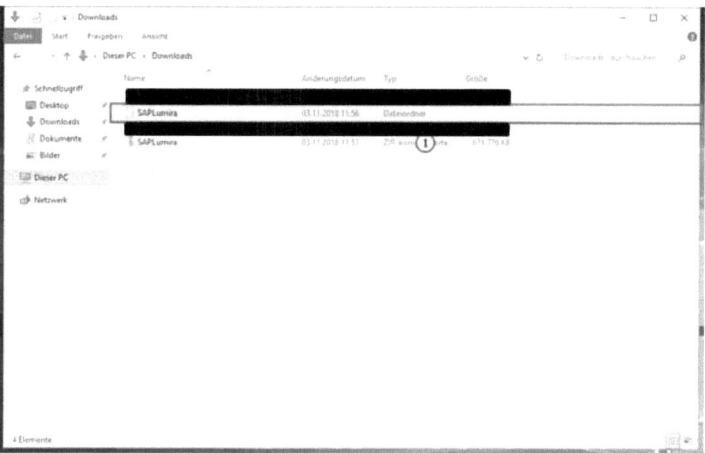

(1) Durch Doppelklicken wird der Eintrag

ausgewählt.

SAPLumira

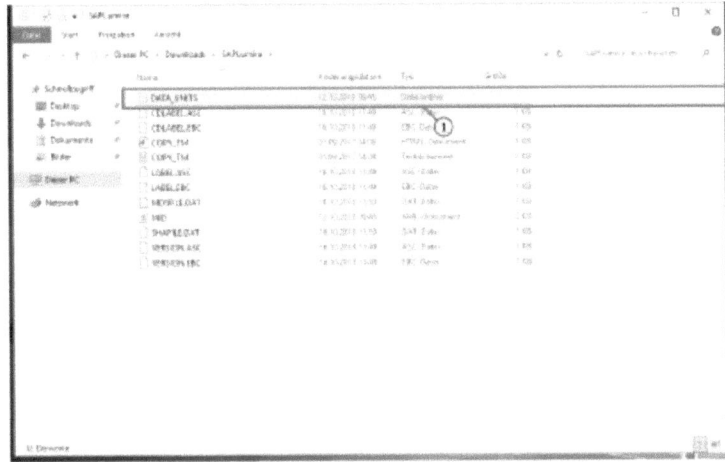

(1) Durch Doppelklicken wird der Eintrag
Name
  DATA_UNITS   12.10.2018 19:45   Dateiordner
ausgewählt.

DATA_UNITS

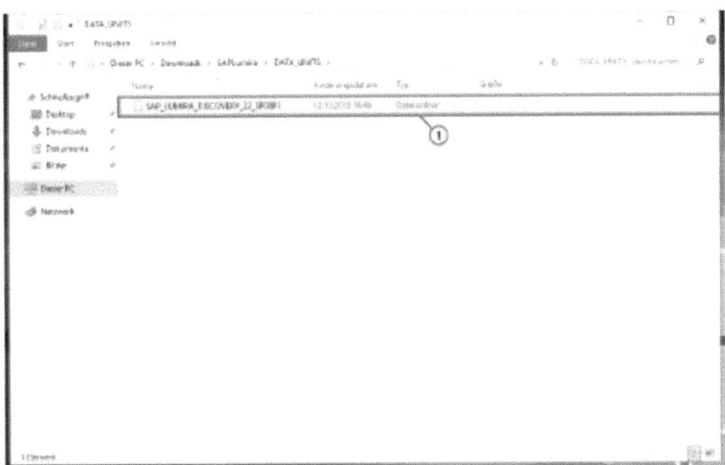

Anhang C: SAP Lumira Discovery Installationsdokumentation

(1) Durch Doppelklicken wird der Eintrag
Name
    SAP_LUMIRA_DISCOVERY_22_SP00P1   12.10.2018 19:46   Dateiordner
ausgewählt.

SAP_LUMIRA_DISCOVERY_22_SP00P1

(1) Durch einen Klick mit der rechten Maustaste auf
Name
    SAPLumiraDiscoverySetup   07.10.2018 22:32   Anwendung   671.808 KB
wird ein Kontextmenü geöffnet.

SAP_LUMIRA_DISCOVERY_22_SP00P1

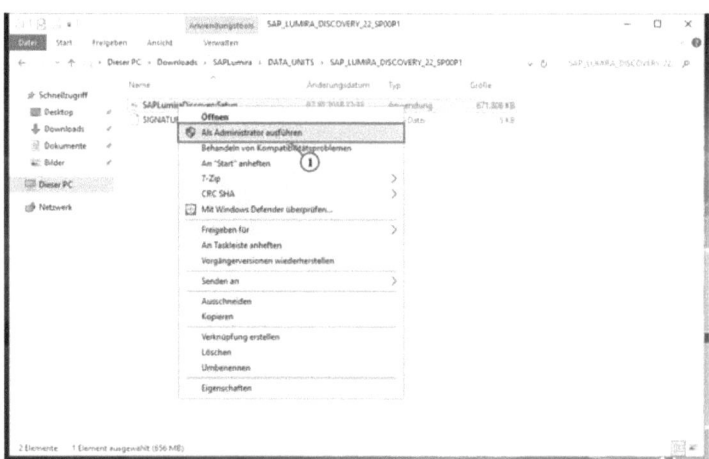

(1) Durch Klicken wird der Menüpunkt **Als Administrator ausführen**   Als Administrator ausführen   ausgeführt.
Alternativ können Sie a drücken.

SAP_LUMIRA_DISCOVERY_22_SP00P1

Anhang C: SAP Lumira Discovery Installationsdokumentation

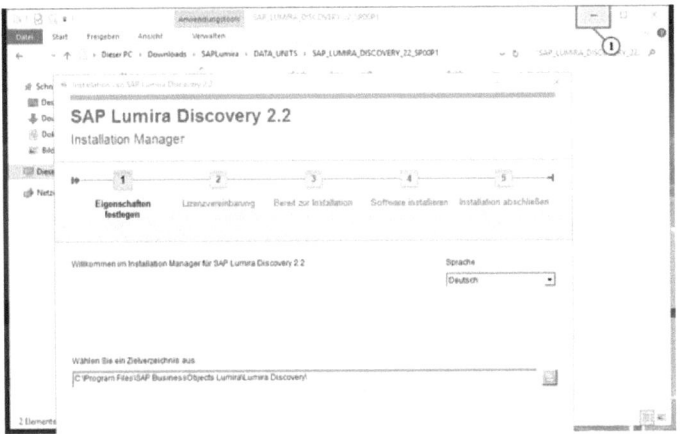

(1) Klicken Sie auf **Minimieren**

Installation von SAP Lumira Discovery 2.2

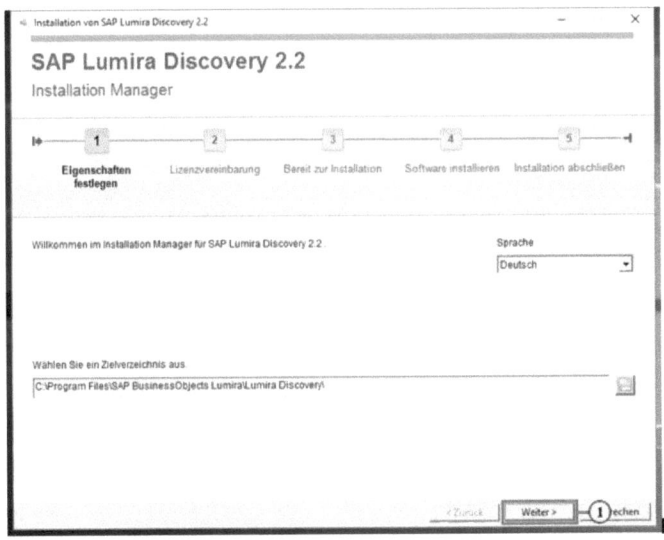

(1) Klicken Sie auf **Weiter >** Weiter >

Anhang C: SAP Lumira Discovery Installationsdokumentation

Installation von SAP Lumira Discovery 2.2

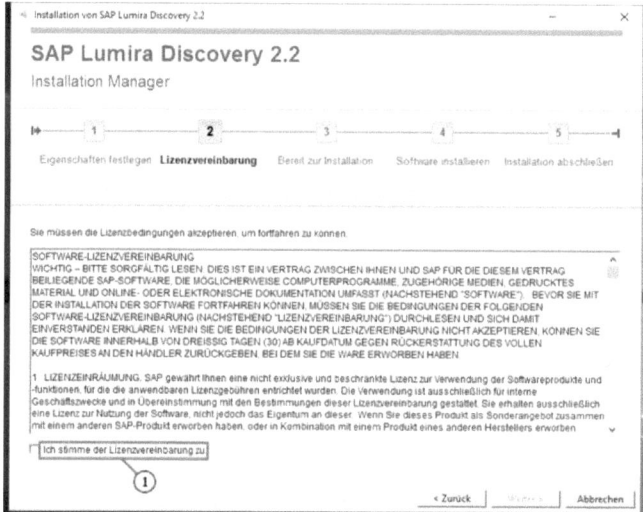

(1) Klicken Sie auf Ich stimme der Lizenzvereinbarung zu

Installation von SAP Lumira Discovery 2.2

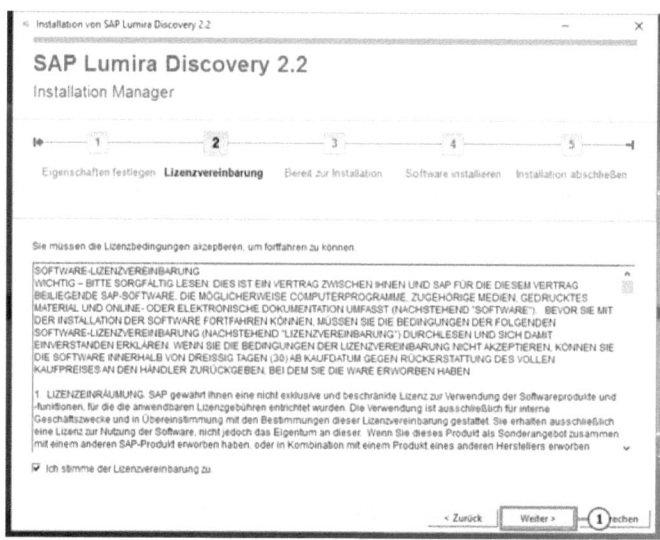

(1) Klicken Sie auf **Weiter >** Weiter >

Anhang C: SAP Lumira Discovery Installationsdokumentation

Installation von SAP Lumira Discovery 2.2

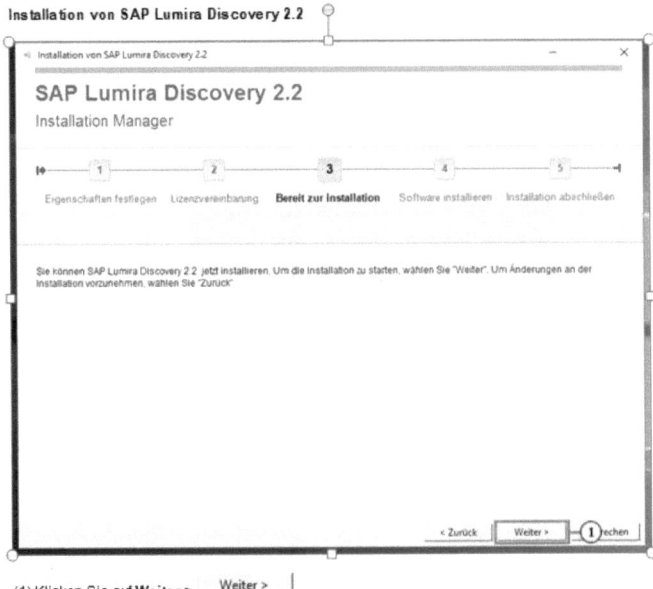

(1) Klicken Sie auf **Weiter >** _Weiter >_

Installation von SAP Lumira Discovery 2.2

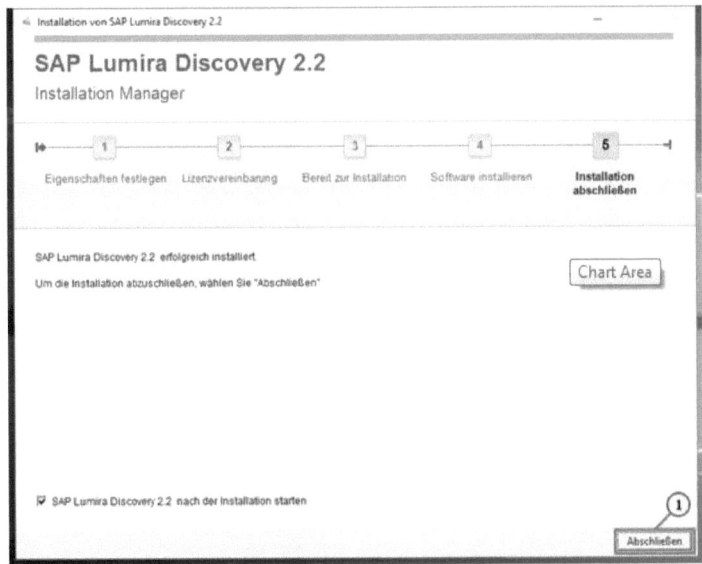

(1) Klicken Sie auf **Abschließen** _Abschließen_

73

Anhang D: Tableau Desktop Installationsdokumentation

Downloads

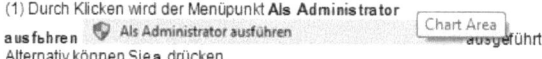

(1) Durch Klicken wird der Menüpunkt **Als Administrator ausführen** Als Administrator ausführen ausgeführt.
Alternativ können Sie a drücken.

Anhang D: Tableau Desktop Installationsdokumentation

Tableau 2018.3 (20183.18.1018.1932) Setup

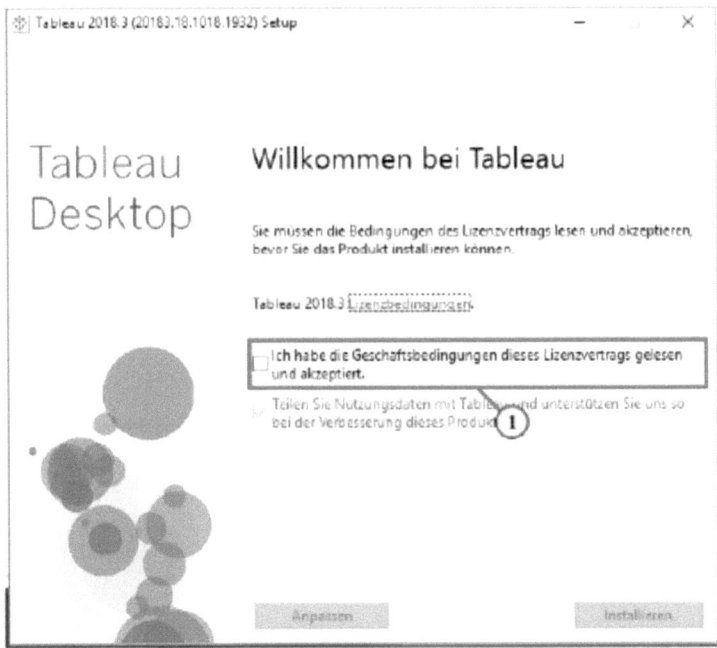

(1) Klicken Sie auf **Ich habe die Geschäftsbedingungen dieses Lizenzvertrags gelesen und akzeptiert.**
Alternativ können Sie **Alt+a** drücken.

75

Anhang D: Tableau Desktop Installationsdokumentation

Tableau 2018.3 (20183.18.1018.1932) Setup

(1) Klicken Sie auf **Installieren** [Installieren].
Alternativ können Sie **Alt+n** drücken.

Anhang D: Tableau Desktop Installationsdokumentation

Tableau-Registrierung

(1) Klicken Sie auf Haben Sie einen Product Key? Tableau aktivieren.

Anhang D: Tableau Desktop Installationsdokumentation

(1) Das Feld **Product Key eingeben**: **Alt+e** wird ausgefüllt.

Anhang D: Tableau Desktop Installationsdokumentation

Tableau aktivieren

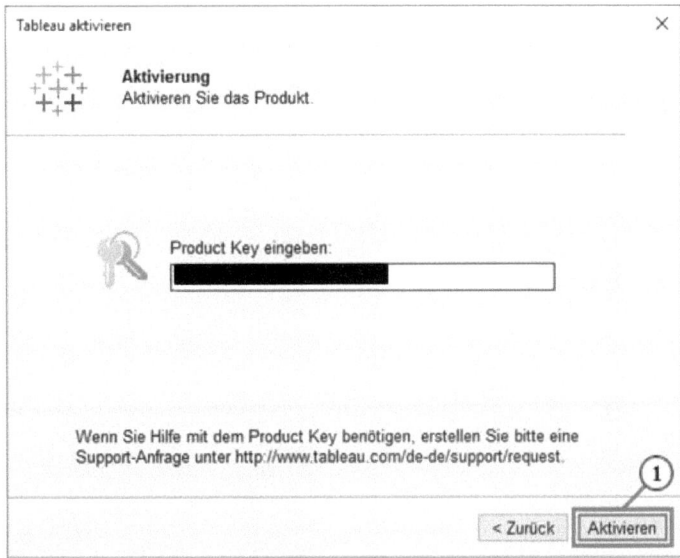

(1) Klicken Sie auf **Aktivieren Enter** Aktivieren .
Alternativ können Sie **Alt+A** drücken.

Anhang D: Tableau Desktop Installationsdokumentation

Tableau aktivieren

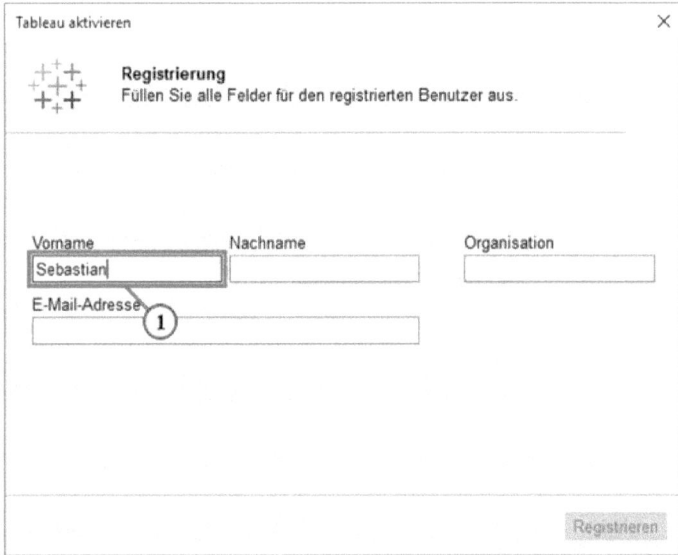

(1) Das Feld **Vorname** wird ausgefüllt.

Anhang D: Tableau Desktop Installationsdokumentation

Tableau aktivieren

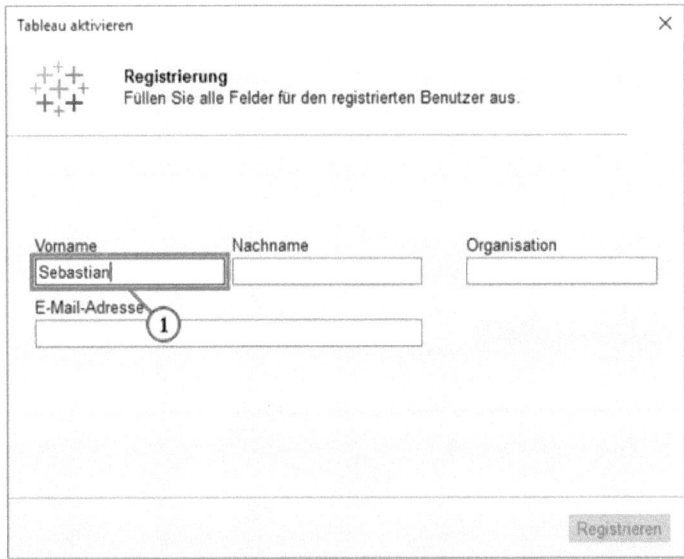

(1) Das Feld **Vorname** wird ausgefüllt.

Anhang D: Tableau Desktop Installationsdokumentation

Tableau aktivieren

(1) Das Feld E-Mail-Adresse wird ausgefüllt.

Tableau aktivieren

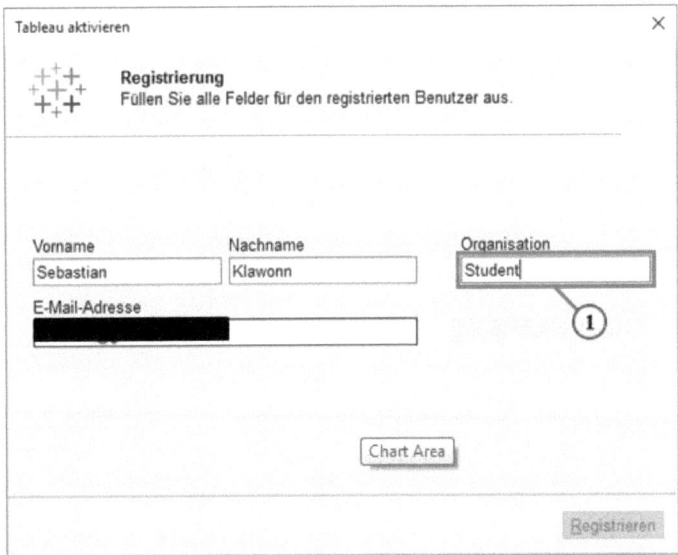

(1) Das Feld **Organisation** wird ausgefüllt.

Anhang D: Tableau Desktop Installationsdokumentation

Tableau aktivieren

(1) Klicken Sie auf **Registrieren Enter**. Alternativ können Sie **Alt+R** drücken.

Anhang D: Tableau Desktop Installationsdokumentation

Tableau aktivieren

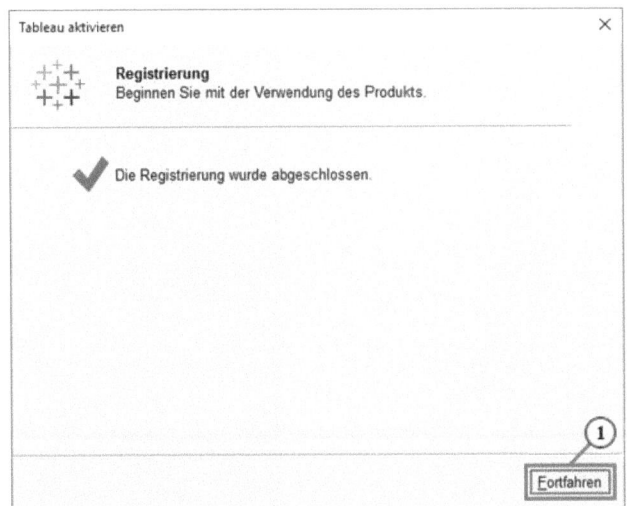

(1) Klicken Sie auf **Fortfahren** Enter Fortfahren.
Alternativ können Sie **Alt+F** drücken.